대한민국도 울지 않게 하라!

미국이 운다! 동성애

America Weeps! Homosexuality

손 혜 숙 지음

도서출판 **밀알서원**

도서
출판 밀알서원

밀알서원(Wheat Berry Books)은 **CLC**가 공동으로 운영하는
복음주의 출판사로서 신앙생활과 기독교문화를 위한
설교, 시, 수필, 간증, 선교·경건 서적 등을 출판하고 있습니다.

America Weeps! Homosexuality

- Do not make Korea weep! -

Written by
Hea Sook Son

Korean Edition
Copyright © 2016 by Wheat Berry Books
Seoul, Korea

발행사

박영호 박사
기독교문선교회 대표

동성애(Homosexuality)가 최근 한국 사회에서 뜨거운 감자이다. 인간의 평등을 앞세워 동성애와 트랜스젠더, 양성애 등 선택적 삶의 결합이 성의 다양성(gender diversity)이라는 표현으로 자리 잡고 이를 반대하면 동성애 혐오자로 비난한다. 성(sex)의 개념이 여러 의미를 지니는 젠더(gender)라는 단어로 왜곡되고 있다. 젠더사상은 부부가 가정, 집과 학교에서 누려야 할 자녀양육 결정권을 박탈하고 있다. 이러한 성 주류화가 계속 진행된다면 지금까지 질서정연하던 우리 사회는 혼란에 빠질 것이다. 따라서 본질에 따른 모든 구분과 질서가 해체되고 나면 폭정이 뒤 따를 것이다.

우리나라에 대략 28만 명의 동성애자가 있으며, 질병관리본부 조사에서 국내 신규 에이즈 환자는 2000년 244명에서 2014년 1,191명으로 5배나 증가 했다. 우리나라 군형법 제92조의6에 따르면 군인 또는 준군인은 동성 간 성행위가 엄격하게 금지된다. 위반시 2년 이하의 징역에 처한다. 그러나 헌법재판소는 부도덕한 성행위를 인권이라고 주장하는 동성애 단체의 요구로 군형법 92조의6에 대한 위헌법률심판을 진행 중이었다. 이에 따라 보수기독교단체들은 2016년 7월 13일 재동 헌법재판소 입구 앞에서 플래카드를 내걸고 구호를 외쳤다.

"의무 복무제 따라 군대 간 내 아들! 군대에서 동성애 배우면 누가 책임질 것인가?"

"한국 군대 내 항문 성교 합법화되면 우리 자녀들 절대로 군대 안 보낸다."

"내 아들이 안심하고 군대 갈 수 있도록 동성애 금지법을 없애지 말아 주세요."

"군형법 제92조의6 폐지 절대 반대"

헌재는 다행이 세 번 판결을 내렸고, 결과는 군형법은 헌법에 위배되지 않는다고 했다. 성도들의 기도 응답으로 본다.

서울광장에서 2016년 6월 11일 열린 퀴어 문화 축제 때에 보수 기독교계 1만 2천 명이 모여 퀴어 축제 장소 맞은편에서 맞불 반대 집회를 개최했다. 대회사를 맡은 한국기독교총연합회 이영훈 대표회장은 '동성애'는 절대 받아들일 수 없다고 외쳤다. 이 목사는 격앙된 목소리로 동성애자들을 향해 소리쳤다.

"우리는 예수님 이름으로 절대 승리한다. 동성애는 신앙적으로 잘못된 것이다. 동성애는 도덕적·윤리적·사회적으로도 잘못된 것이다. 개인과 가정, 사회를 파괴하고 대한민국을 망하게 한다. 모든 국민이 일어나야 한다. 동성애는 물러가라! 발 딛지 못하고, 떠나갈 지어다! 주님 저들을 불쌍히 여겨 주소서! 동성애는 물러가고, 회개하고 나올 지어다. 동성애를 박멸하는 은혜의 집회가 될지어다."

참석자들은 '아멘'과 '할렐루야'를 외치며 동조했다. 행사장 안팎에는 동성애 혐오 문구가 적힌 피켓들이 눈에 띄었다.

"동성애 지구 종말"
"흡연은 폐암을, 음주는 간암을, 동성애는 에이즈를"
"동성애 조장, 에이즈 확산, 세금 폭탄"
"동성애 박멸! 동성애 퇴치! 깨끗한 한국 할렐루야"
"청소년 노리는 동성 성매매 강력히 처벌하고 항문 알바 금지시 켜라."
"아들아, 동성애 그만두자!"
"딸들아 동성애 그만두자!"

동성애는 생물학적으로 동일한 성을 가진 사람들 간의 감정적 혹은 성적 끌림이나 성적 행위를 뜻한다. 남자 동성애자는 게이(Gay)라 불리고, 여성 동성애자는 레즈비언(Lesbian)이라 말한다. 동성애와 관련해서 동성애적 태도, 동성애적 욕망, 그리고 성적 정체성으로 구분한다. 동성애적 태도는 동성애 혹은 동성애자에 대해 보이는 일정한 태도이다. 동성애자는 아니면서 동성애 혹은 동성애자에 우호적인 사람도 있고, 적대적인 사람도 있는가 하면, 자신이 연루되지 않는 한 아무렇지도 않게 대하는 사람도 있다.

동성애적 욕망은 동성과의 성적 행위를 추구하는 욕망이다. 이성에게 아무런 성적 자극을 받지 못하고 오히려 동성인 사람에게 성적 자극을 받는 사람들에게서 볼 수 있다. 이성 파트너가 없거나 혹은 이성 파트너를 사귈 인격적인 능력이 결여되어 있을 경우, 그 대안으로 동성에게서 성적 욕망을 충족하려는 경향이 나타난다.

성적 정체성은 자기 자신의 성별과의 관계에서 느끼는 동질감 혹은 이질감을 바탕으로 확립된 정체성을 말한다. 성적 측면에서 나는 누구인가라는 질문으로 표현된다. 남성(혹은 여성)의 육체를 가졌지만 여성(혹은 남성)적 취향을 갖고 또 남성(혹은 여성)에게 성적 끌림을 받는 경우 성적 정체성이 문제가 된다.

우리나라 최대의 동성애자 단체로 게이, 레즈비언, 양성애자, 트랜스젠더의 입장을 적극 대변하고 있는 '행동하는 성소수자 인권 연대'는 2013년 발간한 "40~60대 남성 동성애자 에이즈 감염인 생애사 보고서"에서 국내 에이즈 감염인 중 다수가 남성 동성애자라고 밝혔다. 또한 국내에서 남성 동성애자들이 에이즈 감염 사실을 숨긴 채 동성 간 성 접촉을 하고 있는 것으로 밝혀졌다.

미국 캘리포니아주에서 반동성애 운동을 펼치는 김사라 티비넥스트 대표가 서울에서 했던 호소이다.

> 미국이 지금처럼 동성 결혼을 합법화하는 등 도덕적 타락의 길을 걷게 된 결정적 이유는 양심을 지닌 사람들이 침묵했기 때문이며 비성경적이고 부도덕한 법이 통과되고 동성애를 옹호·조장하는 교과서가 만들어지는데도 미국 교회와 목회자들은 침묵했으며, 학부모들도 돈 버는 데 바빠 자녀들이 학교에서 무엇을 배우는지 눈치 채지 못했으며 그 사이 미국의 공립학교는 자녀들에게 부도덕한 가치관을 세뇌시켰다. 미국은 오바마 대통령 때문에 동성애가 더욱 확산됐는데 그 결과 동성애 치유상담이 전면 금지되고 정부 요직에 동성애자들이 대거 진출했다. 심지어 학교 내 남

녀 화장실 구분마저 차별로 규정하고 없애려 했다. 이 같은 친동성애 관련 정책을 텍사스 주 등 미국 중부 지역의 '바이블 벨트'가 간신히 막아내고 있는 상황이다. 한국이 미국의 전철을 밟지 않고 싶다면 선거 때 올바른 가치관을 지닌 정치인을 선출하고 친동성애 관련법을 적극 저지해야 한다면서 특히 10-50년 뒤를 바라보며 중장기 대응전략을 세우고 동성애 단체가 정부 단체로 등록되는 것을 막아야 한다.

수동연세요양병원장 염안섭 박사의 동성애자 진료 후의 간절한 조언이다.

에이즈 환자의 거의 모두가 남성동성애자이며, 에이즈 환자의 말로는 정말로 눈을 뜨고 볼 수 없을 만큼 비참하다. 남성 간의 항문성관계에 중독된 감염 환자들은 에이즈 바이러스가 뇌를 갉아먹어 20대에 치매, 식물인간, 전신마비, 반신마비, 정신질환, 신경계 질환 등으로 평생을 불행하게 살고 있는 현실이다.

나는 의사로서 절대 동성애를 찬성할 수가 없다. 에이즈 환자는 에이즈 바이러스를 억제하기 위해 항바이러스 제제를 복용해야 하는데 한 달 약값이 600만 원 이상 들며 전액 국민세금으로 지원되고 있다. 국가가 근본적으로 동성애와 에이즈의 연관성을 해결하기 위한 노력보다 오히려 에이즈에 감염된 환자들의 지원과 노후보장에 **국민진료비의 8%**를 지불하고 있다.

강순화 씨는 오랜 동성애에서 벗어났다. 동성애에서 빠져나오고 싶은 사람에게 소망을 주었으면 좋겠다고 간증했다.

나는 진짜 사랑이 뭘까 생각해 봤다. 죄에서 회개하고 돌이키면 더 이상 고통 속에 살지 않을 수 있다. 죄를 지으면 나처럼 공황장애, 알레르기로 고생한다. 하나님이 죄를 지으라고 우리를 창조하신 것이 아니다. 우리가 마귀 생각을 받아먹으니 죄를 짓는다. 회개하게 하는 것이 진정한 사랑이다. 죄책감에 괴로워하던 나는 예수님을 주인으로 받아들인 후 동성애도 공황장애도 폐소공포증도 떠나갔다.

한국 교회 공동체가 동성애자가 오픈할 수 있도록 받아 주고 교제할 수 있도록 도와주면 좋겠다. 사랑으로 동성애자를 포용하고 그들이 죄를 돌이킬 수 있도록 도와주면 좋지 않을까? 내가 동성애를 즐기며 살다 정상적인 삶을 살아 보니 그때 나의 삶이 얼마나 비참하고 힘들었는지 구분이 된다. 정상적인 삶을 살 수 있도록 공동체가 함께 도와 주는 것이 고맙고 내가 가는 길이 옳다고 생각한다.

그리고 탈동성애에 성공한 사람들을 조롱하고 비판하는 것을 보면서 안타까웠다. 우리의 존재도 인정해 주고 신경 써 달라. 우리 이야기를 더 많이 들어 주면 좋겠다. 고통 속에 신음하는 사람들이 와서 우리 존재를 보고 기쁨을 나눌 수 있는 행사를 여는 것도 좋겠다. 동성애 사랑은 영원할 수 없다. 그리스도의 복음 안에 진짜 사랑이 있으니 그 사랑을 맛보도록 도와주면 좋겠다.

동성애자의 인권을 이야기하지만 동성애를 즐기면서 모두가 행복하지는 않다. 동성애로 고통 받고 빠져나오고 싶어 하는 사람들에게 자신도 새로운 삶을 살 수 있다는 것을 알려 주고 싶다.

대부분 동성애자는 동성애의 원인이 생물학적 요인보다 사회적이고 개인적 환경 요인에서 비롯되는 경우가 많다. 어린 시절 동성 부모와의 관계, 동성과의 역기능 관계, 어린 시절의 충격에서 그 원인을 찾고 치료 가능성을 찾아야 한다. 이 경우에 속하는 동성애자는 치료에 대한 적극적인 의지와 기대를 가져야 한다. 동성애의 사회 문화적이고 개인사적인 맥락을 고려할 때 선천적인 경우가 많지 않다. 따라서 노력하면 얼마든지 치료가 가능한 일이기 때문에 오히려 이성애의 장점을 경험할 수 있도록 도와주어야 한다. 물론 동성애가 순식간에 이성애로 바뀌게 되는 '방향전환'의 가능성은 매우 낮다. 동성애 행위를 그만두는 일만 해도 커다란 진보라고 본다. 실질적으로 이들을 돕기 위해 공격적인 동성애자, 온건한 동성애자, 후회하는 동성애자의 특성을 파악하고 다른 접근을 해야 한다.

탈동성애자 이야기를 들어 보면 동성애는 이성애보다 더욱 중독성이 있어 인간의 욕망과 의지에 대한 근본적인 치료가 없이는 빠져나오기가 어렵다고 한다. 따라서 단순히 심리적인 치료만으로는 부족하므로 이런 상황을 염두에 두고 교회는 인간 근원적인 욕망이 예수 그리스도의 복음으로 치료받을 수 있도록 노력해야 할 것이다.

금번 손혜숙 목사의 저서 『미국이 운다! 동성애』는 꼭 필요한 시기에 출간되었다. 손 목사님의 조국 사랑과 그 열정에 깊이 감사를 드린다. 기독교문서선교회(CLC)에서 출간된 『에이즈 전염병의 정체』와 함께 두 책이 한국 교회와 동성애자들에게 큰 도움이 되기를 바란다.

출간에 붙여

손혜숙 목사

"엄마, 아빠! 여기 예쁜 꽃! 예쁜 꽃 폈어요. 이리 와 보세요."
아이들이 소리쳤다. 우리는 아이들을 향해 달려갔다. 길가에 샛노란 꽃이 피어 웃고 있다. 아름답다. 바람에 흔들리는 나무도 풀도 꽃을 더욱 드러내보였다.

하나님이 우리를 위해 만드신 대 자연의 지구. 이 아름다운 정원에서 사람들은 모두 행복하고 평화롭게 살도록 지음 받았다. '남녀가 결혼해 자녀를 둔 사랑의 가정'에서 기쁘게 살아갈 특권을 부여 받았다. 이 땅 위에서 테러나 박해를 당하지 않고 가정을 이루어 평화롭게 살 권리가 주어졌다.

우리 인생의 출발과 근거지, '가족'이라는 '인간 사랑과 행복의 둥지'를 파괴하려는 성소수자(LGBT)는 레즈비언(Lesbian), 게이(Gay), 양성애자(Bisexual), 성전환자(Transgender)를 합쳐서 부르는 단어이며, 첫 글자를 따온 것이다. 퀴어(Queer)나 레즈비게이(lesbigay)에 비해선 논쟁이 덜한 용어로 알려져 있다.

오바마 대통령이 공들이는 이런 움직임은 윤리를 상실한 혼미 속에 나온 결과이거나, 의도적으로 나라를 파괴하는 나쁜 정책으로 보인다. 그의 재정 지원을 받아 반기문 유엔 사무총장이 발간한 성소수자(LGBT) 선동 우표, 이 우표는 정상인이라면 보기만 해도 정서적으로 병들게 만든다.

자연과 인간 생태계를 파괴하는 성소수자 선동에 왜 유엔이 휩쓸리는 걸까?

우리는 모두 '인간 존재'와 '인간 생명'을 존중해야 한다. 무슬림들이 한 기독교인 청년에게 불을 지르며 구타하고 있었다. 기독교인이라는 이유 때문에 불에 타 죽어가는 청년의 눈빛…청년을 마구 짓밟던 그들은 악마였다. 2016년 7월 14일, 무슬림이 프랑스에서 테러를 일으켜 84명을 죽였다. 얼마 전 올랜도에서도 49명을 죽였다. 오늘날 벌어지고 있는 ISIS의 민간인과 기독교인 대학살에도, 미국 역대 대통령과 달리 오바마는 급진적 이슬람 테러와의 전쟁을 명확히 선포하지 않는다. 기독교를 비난하기도 했다. 유엔도 무자비한 기독교인 대학살을 거의 방관하지 않았나.

피를 흘리며 죽어가는 착한 사람들…21세기에 어찌 그럴 수 있을까?

하나님이 창조하신 가장 고귀한 존재, '인간,' 인간을 존중하라! 우리 '사람'은 누구든지 테러나 폭력을 당하지 않고 행복하게 살 권리를 지니고 이 땅에 태어났다. 이제 인간 행복의 둥지, '가족'을 파괴하는 성소수자로 인해 젊은이들이 파괴당하지 않도록 우리 모두 경각심을 지니고 악을 패배시키면서 사랑으로 지켜야 될 시점이다. 우리 사람들은 건강하고 기쁘게 살 권리를 부여받았기 때문이다. 창조주 하나님이 우리에게 생육하고 번성하며 행복하게 살 특권을 주셨기 때문이다.

"엄마!"

"아빠!"

아이들이 외친다. 푸른 하늘에 소망이 눈짓한다. 가정마다 어색한 '두 엄마'나 '두 아빠'가 아닌, '엄마와 아빠'가 '자녀'와 함께 밝게 웃는 '행복한 가정'을 이룰 권리가 누구에게나 주어졌다. 질병과 죽음을 부르는 동성애, 성서는 동성애를 죄로 금지시켰다. 비정상의 해로운 성소수자 방식을 떠나자. 우리 모두 '참다운 가정'을 이루어 '나라와 민족'을 살리자.

암흑의 구름이 거세게 몰려오는 위기의 시기에 이 책을 서둘러 출간해 주신 기독교문서선교회(CLC) 박영호 대표 목사님께 감사드린다. 격려해 주신 홍진표 목사님께 감사드린다. 먼 진리의 여행을 즐겨 함께하는 사랑하는 지혜와 슬기에게 깊이 감사한다.

이글이 널리 읽혀 젊은이들의 방황이 끝나고, 인간을 파괴하는 악이 패하며 진리와 선이 승리하기를 바란다. '진정한 가정'을 더욱 굳건히 세우고, 폭력이 사라지며, 우리 대한민국이 나날이 번성하기를 염원한다. 생명 있는 아름다운 삶을 살자! 생명력 넘치는 행복한 가정을 꽃피우자. 아! 우리 서로 참되게 사랑하자.

예수 그리스도와 진리를 높이며….

미국이 운다! America Weeps!

연못에 꽃들이 떨어진다.

해로운 바람이 미국에 널리 불고 있다. 이 바람을 맞아 몹시 휩쓸리면서 나라는 병들어가고 있다. 점점 몰아치는 바람에 더욱 심한 상처를 입고 고통스러워 몸부림친다. 사람들은 광범위하게 휘몰아치는 어두운 바람의 물결에 흔들거리면서 그들이 지닌 고귀한 정신을 잃어버리고 있다.

이 나라가 크게 소리치고 있다.

"살려 주시오!"

"내가 살도록 도와주시오"

"나는 죽고 싶지 않아요…살려주오…"

나라가 울고 있다. 크게 소리 내어 울고 있다. 깊은 밤에 우리는 그녀의 심한 울음소리를 들을 수 있다. 그녀의 슬프고 고통스러운 흐느낌을 들으면서 잠을 이룰 수 없다. 달콤하나 독을 품은 어떤 악한 세력이 그녀를 축소시키고 붕괴시키고자 하고 있다. 이 나라는 점차 약해지면서 죽음을 향해 몰리고 있다. 이 위기의 순간에 국민들과 기독교인들은 왜 침묵을 지키고 있나?

인권과 평등이라는 으뜸권리를 가장하고 누군가 이 나라를 붕괴시키려 하고 있다. 나라가 위험하다.

정치가들과 학자들과 종교 지도자들은 나라가 점점 죽어가고 있는데 왜 침묵을 유지하고 있는가?

나라가 점점 정신을 잃어가는 데 왜 사람들은 그냥 조용하게 있는가?

이 나라가 크게 외친다.

"살려 주시오! 나는 죽고 싶지 않아요…."

미국이 고함친다. 그녀는 운다…도와 달라고 함성을 지른다.

"나를 도와주시오!"

"살려주시오. 나를 제발 살도록 해주시오!"

"아메리카, 당신은 지금 어디를 향해 가고 있습니까?"

나는 물었다.

그녀가 대답했다,

"나는 지금 강제로 절벽으로 끌려가는데 그 절벽에서 죽음의 골짜기로 나를 밀어 떨어뜨릴 것입니다…."

저자의 노트

손혜숙 목사

미국이 위기에 처해있다.

달콤하나 어두운 바람이 이 나라 전역에서 불고 있다. 그 바람이 한층 더욱 거세어지고 강렬해진다. 내가 이해할 수 있는 한, 가장 무서운 적(enemy)이 나라를 공격해 오고 있다. 비극은 우리들 중 누구도 이 적의 참 정체를 알아보지 못하는 것이다. 왜냐하면 적은 달콤하면서 유연해 보이고 인간의 자유와 쾌락이라는 아주 유혹적인 외투를 그럴싸하게 걸치고 있기 때문이다.

그렇지만 이것은 인류와 나라와 백성을 파괴시키는 정말로 무자비한 적이다. 이제 나라가 병들어가고 있으며 점진적으로 와해되고 있다. 나는 미국이 약해지고 더욱 허약해져 결국 죽음에 이르는 것을 원치 않는다. 한국의 모든 기독교인들처럼 나도 **미국을 사랑한다.**

비록 내가 미국이 아닌 대한민국(South Korea)에서 태어났지만 내 마음 속 깊이 미국을 사랑한다. 그리고 정말로 이 나라가 하나님의 은총 속에서 이제껏 그래왔듯 세계에서 특별한 나라이기를 바라고 기도드린다. 모든 대한민국 사람들이 바라듯, 기독교 국가 미국이 자유와 평화의 수호자로 우뚝 서있기를 기도한다. 내 마음 깊은 곳으로부터 사랑한다.

그래서 나라가 병들어가는 것을 바라지 않는다.

그러므로 우리 대한민국과 미국과 세계 모든 사람들에게 공격해 오는 이 무서운 적의 '진정한 정체'를 알아보라고 경종을 울리고자 한다. 그리고 바라건 데 모두 함께 이 세력을 물리칠 수 있어야 하겠다. 나라를 진심으로 사랑하는 모든 국민들, 종교 및 사회 지도자들, 정치가들, 학자들, 기독교인들이여! 제발 인류와 나라를 공격해 오는 적군의 정체를 바로 알아채고 격퇴합시다! 나라를 파괴하지 못하도록 막아야 합니다.

미혹하는 가운을 걸치고 위장한 적이 나라와 인류를 파괴하도록 그냥 두어서는 안 됩니다.

'인간 존재'와 우리 국민을 의도적으로 멸절시키는 이 어두운 세력으로부터 '나라를 구하기 위해' 이 글을 쓴다. 잔인한 적을 있는 모습 그대로 가리킴으로써, 그 세력을 격파하는 용기와 기회를 잡을 수 있다! 적을 알아보고 나라를 붕괴에서 구할 수 있다. 게이든 아니든 모든 사람은 그것의 참 정체를 알아채야겠다. 나는 하나님의 보호아래 사람들이 끝없는 비전과 번영의 더욱 높은 목적을 향해 전진하도록 새 희망을 주려고 글을 쓴다.

내 할아버지는 대한민국(Korea)에서 기독교가 전파되기 시작한 가장 초기에 감리교회 목사가 되셨다. 할아버지는 큰 대문을 지닌 유교 집안에서 미국 선교사들이 복음을 전파할 때 기독교로 개종하셨다. 그래서 아버지의 미움을 사서 쫓겨나게 되었고 교회를 설립하고 섬기셨다. 일제 시대였다. 할아버지 손정화 목사는 북한 영변 지방에서 복음을 전하면서 목회 하셨는데, 청년들이 교회에 많이 있었다.

그 시기 일본 순사가 할아버지가 인도하는 예배 시간에 들어와서 청년들이 독립운동을 하는지 감시했다 한다. 할아버지는 복음을 위해 생애를 바치셨다. 내 아버지 손 장로는 어머니 박 장로와 함께 대한민국에서 교회를 세우며 섬기셨다. 일제 강점기에 복음을 전하던 할아버지를 기억하면서 나는 미국에 감사한다. 할아버지는 복음과 미국과 선교사님을 사랑하셨다. 대한민국의 모든 기독교인들처럼 이 나라와 이 나라의 중심인 기독교 정신과 전통을 사랑한다. 또한 미국에 대한 내 사랑은 가족사에 뿌리가 있다.

그러므로 지금 이 땅에서 일어나는 이상한 일들을 바라보면서, 염려하지 않을 수 없다. 비합리적, 비도덕적, 비종교적, 비정상의 행동을 하라고 정부 기관이 국민들과 기독교인들을 강압한다. 착한 사람들에 대한 부당한 박해가 공공연히 이행된다.

세계는 이것을 믿지 못할 것이다. 미국이 위기에 처해 있다.

모든 사람들이 함께 이 무서운 악을 거부 할 때 우리는 아직 번영의 희망이 있다. 하지만 이 세력을 격퇴하지 못하면, 세계 인류와 나라의 백성은 점점 줄어들고, 하나님을 배반하면서 소돔과 고모라처럼 타락과 멸망의 길로 접어들 것이다. 그리고 시간이 흐르면서 나라는 몰락할 것이다.

우리는 대 경각심으로 악마가 세력을 넓혀 하나님 나라를 정복하려는 치열한 전투에서, 하나님 나라의 **승리를 위해 기도해야 할 시점이다.** 하나님의 말씀을 지키고 그 뜻을 향해 가도록 모두 함께 힘을 모을 시기다. 우리 모두 하나님의 전신 갑주를 입고 악의 세력과 싸워서 이기고 나라와 인류를 대 위기에서 구해야겠다.

하나님은 대한민국을 축복하신다!
하나님은 미국을 축복하신다!

"하나님이 세상을 이처럼 사랑하사 독생자를 주셨으니 이는 그를 믿는 자마다 멸망하지 않고 영생을 얻게 하려 하심이라"
(요 3:16).

미국이 운다!

동성애

― 대한민국도 울지 않게 하라! ―

목차

발행사(박영호 박사, 기독교문서선교회 대표)	4
출간에 붙여	11
미국이 운다!	14
저자의 노트	16

제1장
달콤하나 가장 무서운 적   25

1. 조용한 전쟁	27
2. 조용한 전쟁의 동맹국과 적대국	31
3. 미국에서 일어난 충격적인 사건들	35
4. 우리는 모두 평등하게 창조되었다	43
5. 사업과 직업 정황에서	59
6. 교육에서의 정황	75
▶엑스커션(Excursion)◀ 잔인한 전쟁과 악마들의 회의	93

제2장
소위 동성 결혼   102

1. 혼동들	102
2. 자두는 복숭아가 아니다	104
3. 만일 전제가 거짓이면 주장도 수용될 수 없다	109
4. 자두는 자두로 복숭아는 복숭아로 다룬다	110
5. 나라에 위험한 적	115

6. 가장 잔인한 적	119
7. "생육하고 번성하여 땅에 충만하라…"	125
8. 나라를 파괴하는 고등 전략	130
9. 나라를 붕괴시키는 달콤한 공포의 전략	142
10. 달콤하나 가장 무서운 적 동성 결혼	147

제3장
제한성들 — 159

1. 용어 '동성 결혼'에 결함이 있다.	159
2. 동성 가족은 참된 가족이 아닐 것	160
3. 참되지 않은 부모: 어떤 외형상의 부모	164
4. 비극이 시작되다	167
5. 국가를 흔드는 유혹과 위협	171
6. 인권을 파괴하기	177

마무리 말	184
에필로그	187
부록 1. 존 G 로버츠(John G. Roberts) 대법원장님께	191
2. 자격을 상실한 종교(Disqualified Religion)	199
3. 세계에 평화를!	204
4. 비상구	209

사랑하는 젊은이들에게

손혜숙 목사

당신은 듣고 있습니까?
한 소리가 들립니다.
한 울음소리가 들리고 있습니다.
미국이 웁니다…한국이 웁니다.
나라가 울고 있어요.
나라가 울면서 도움을 청합니다.
당신의 사랑하는 나라가 도움을 갈망합니다.

"내가 살도록 도와주시오…나를 탄압하지 마시오…"
"나 여기에 존재하게 해주오. 살아남도록 도와주시오…"
"나 죽고 싶지 않으오…소멸되어 사라지고 싶지 않다오."
"나는 살아있기 원한다오. 존속해 있기를 원해요."
"제발 나를 조금씩 붕괴시키지 말아주오 소위 동성 결혼이라는 것으로"

나는 나라를 사랑합니다.
또한 젊은이들을 사랑해요.
나는 미국에서 태어난 시민은 아닙니다.
대한민국에서 태어났으며, 내 할아버지는 그곳에서
기독교 초창기에 목사님이었습니다.
나는 한국의 기독교인들처럼 대한민국에 복음을 전해주고
우리 할아버지에게 복음을 전해준 나라를 사랑합니다.

그리고 나라와 민족을 사랑합니다.
나는 젊은이들과 게이와 레즈비언일지도
모를 사람들을 사랑해요.

그렇지만 내가 침묵을 지키고 있을 수 없습니다.
이 나라의 심히 고통스러운 소리
눈물과 울음과 비명소리가 들려오기 때문입니다.

나는 침묵을 지키지 말아야 합니다.
누군가 나라를 수치스럽게 하고 .
모독하면서 이 나라 정신과 전통을 공격해 오고 있어요.

내가 이 글을 쓰는 것은
게이, 레즈비언, 다른 사람들을
책망하려 함이 아닙니다.

내가 이 글을 쓰는 목적은
적군의 의도적인 붕괴로부터
나라를 보호하라고 도움을 요청하려는 것입니다.

적들이 세계 인류와 이 나라를 쓰러뜨리려 하고 있어요
이 나라 국민들은 적의 타깃이 되어왔습니다.
악마는 지상에서 미국을 파괴하고
그다음 한국을 파괴하고 대신에
악마의 나라를 세우기 원합니다.

나는 게이나 레즈비언 일지 모를
젊은 사람들이 인류와 나라를 사랑한다고 믿습니다.
이 나라 사람들이 모두 나라를 세계 인류를 사랑한다고 믿어요.
당신들 모두 나라가 위기 속에서 도움을 부르짖는 소리를
들어 보십시오.
그녀가 크게 외칩니다.

"도와주시오! 나를 도와주시오…"
나라가 '도움'을 구합니다.

모두 그녀의 비명 소리를 들어보십시오.
나라가 대 위기에 처해 있습니다.

잘못된 지도력이 계속해서
이 나라를 소멸지대로 이끌고 있습니다.
당신의 나라가 위장을 한 무서운 적들에
둘러싸여 있는 것을 주시해 보십시다.

당신의 나라를 구해주오!
가면을 쓴 가장 무서운 적이
이 나라를 붕괴시키고 있습니다.
사랑하는 나의 친구여,
나라가 소리치면서 당신의 도움을 구합니다.
그녀를 구해주시오!
그녀를 도와주시오!

제1장
달콤하나 가장 무서운 적

전쟁이 시작되었다. 조용한 전쟁이다. 달콤하나 가장 무서운 적이 나라를 공격해오고 있다. 그리고 이 무서운 적은 쉬지 않고 사람들을 공격하고 있다. 우리에게 비극은 이 나라의 시민들이 달콤하게 다가오는 무자비한 적을 적으로 알아채지 못한다는 것이다. 적군은 위장한 모습으로 사람들에게 접근한다. 하지만 사람들은 결코 이 포악한 상대를 위험한 세력으로 느끼지 못한다.

이슬람이 도발한 9.11 테러가 전혀 예상하지 않던 시기에 일어났다. 전 세계에 대 충격을 준 9.11 테러는 세계인들을 경악시키고 한국인들과 미국인들을 온통 두려움과 공포의 도가니로 몰아넣었다. 태양이 환히 비치는 평화로운 대도시 뉴욕에서 이 무자비한 이슬람 테러주의자들의 공격으로 수천 명의 무고한 시민들이 일순간에 죽음을 당했다.

9.11 테러! 이 잔혹한 테러는 이슬람 테러주의자들에 대해 크게 경각심을 일깨웠다. 당시 부시(Bush) 대통령은 결연히 맹세했다. 우리의 적인 이슬람 테러주의자들과 악의 세력들을 이 세상 끝까지 따라가 파멸시킬

것이라고. 그리고 우리들은 믿었다. 미국이 이 세상에서 테러주의자들과 악한 세력들에 맞서 확실한 승리를 가져올 것이라고.

우리들은 이 나라가 테러주의를 전멸시키고 인간의 자유와 생존을 탄압하는 악의 세력을 정복하면서, **전 세계 모든 나라들과 국민들을 평화롭게 만들 것**이라고 확실히 기대하였다. 부시 대통령은 이라크에 군대를 파병했으며 테러에 맞서고 대항하는 전쟁이 이미 시작되었고 계속되었다.

이것은 무자비한 테러주의자에 맞서 취해야하는 용기 있고 바른 결단이었다. 이 나라와 이슬람 테러주의 사이에 전쟁이 벌어진 것이다. 세계와 인류의 평화를 수호하기 위해, 초강국 미국은 테러주의자들에 맞서 싸워야 했다. 또한 우리는 우리자신도 방어해야만 했다.

그렇지만 지금 국가는 가장 무시무시한 적을 방어하지 않았다. 이 악마의 세력은 금지당하지도 않는다. 오히려 사람들을 향해 쉽게 다가온다. 그 이유는 적이 '성적 매혹'과 '개인의 자유'라는 위장된 가운을 걸치고 있기 때문이다.

이 세력은 우리에게 총기나 무기를 들고 오지 않는다. 다양한 '성적 욕망'과 '자유'라는 외투를 걸치고 접근해 온다. 그러므로 이 무서운 세력이 시민들을 공격해도, 피해자는 공격을 받았는지 전쟁이 시작되었는지 알지 못한다. 그들은 적의 정체를 바로 볼 수 없으며, 그래서 쉽사리 공격 당하고 패배 한다.

이제 나라의 모든 사람들은 함께 일어나 이 잔악한 적에 대항해 싸우고 소름 끼치는 악마의 세력을 물리쳐야 하겠다.

1. 조용한 전쟁

전쟁이 벌어지고 있다!

이 전쟁은 전 지역으로 번지고 있지만 포성 없이 조용하다. 이 전투에 총기나 미사일이 보이지 않는다. 탱크도 없고 폭탄도 사용하지 않는다. 오히려 사람들을 사로잡기 위해 '쾌락'이라는 '달콤한 미끼'들을 여기 저기 던진다.

그것은 전혀 전쟁같지 않다. 그래서 우리가 이것의 정체를 파악하기 어렵다. 이 싸움에는 군인들의 고함소리도 없고 전사자들의 전투도 없다. 그럼에도 불구하고 전쟁은 심하게 벌어지고 있으며 온 나라를 강타하고 휩쓸며 전 세계로 확산되고 있다. 이 전쟁은 평화롭고 고요하다. 하지만 어떤 면에서 폭력과 강압을 동반한다.

전쟁 중에 지상에 폭탄이 떨어진다면 흔히 적의 공격으로부터 달아나거나 그 파괴적인 무기를 피해 다른 곳으로 달음질치거나 숨을 수 있다. 이런 경우엔 곧바로 적의 정체를 파악할 수 있다. 그리고 상대의 공격을 차단하기 위해 방어적 행동도 취할 수 있다.

적군의 정체를 명확히 아는 것은 그 세력을 격파하는 데 도움이 된다. 적을 더 분명히 알수록, 승리의 기회는 더 커진다. 전쟁에서 어려운 것은 누가 적인지 정체성을 전혀 구별할 수 없는 경우다. 이때 싸움에 혼선이 생긴다. 그들은 전투를 하면서도 적군이 누구인지 적군이 무엇을 하는지 모른다. 마치 방향 없이 나가는 화살처럼 방황한다.

전쟁에서 누가 적인지 아닌지를 구분할 수 없다면, 상대를 격파할 가능성이 희박하다. 이와 같은 때에는 실수하거나 혼란이 일어날 수 있다. 그래서 정말로 전쟁이 일어났다고 생각지 않거나 실제로 적군이 곁에 있다고 믿지 않는다. 사람들은 너무 혼동해서 공격을 당하고 있고 지금 전쟁 중이라는 사실도 깨닫지 못한다. 심지어 공격자를 친구로 간주하기도 하고, 상당한 관심을 가지고 자신들을 돌보아 주고 있다고 오판한다.

대적은 당신들에게 달콤하고 향기로운 모습으로 다가온다. 이 위장한 세력은 마치 정상인 것처럼 비정상의 매력과 정서를 듬뿍 퍼뜨린다. 그리고 결코 '멸망'이라는 자신의 '참 정체'를 드러내지 않는다. 그 대신 우리에게 개인의 자유와 쾌락이라는 그럴듯한 분장을 하고 접근한다. 흉한 폭력 무기가 아닌 달콤한 사과와 자두를 들고 미소를 지으며 다가온다.

그런 이유로 국민들 사이에 혼동이 일어난다. 그리고 이 혼동이 계속되어 나라에 거대한 혼동(confusion)과 무질서(chaos)가 일고 있다!

전쟁이다. 평화로운 전쟁이다.

전투원들의 고함소리도 들리지 않고 전쟁터에 떨어지는 미사일의 폭음도 없다. 이 평온해 보이는 전장에는 무장한 군인 한 명 보이지 않으며 폭탄도 떨어지지 않는다. 쾌락을 즐기려는 느슨한 차림새의 사람들은 전쟁과 거리가 멀어 보인다. 그럼에도 불구하고 이것은 악마가 유발하여 일어난 **'무자비한 적군과 대결하는 참혹한 전쟁'**이다.

'고요한 전쟁'은 계속되고 있다. 비록 전쟁이 폭력적이지 않고 평화롭게 벌어지고 있더라도, 그 결과들은 전적으로 무자비하다. 상대는 사람들을 잔인하게 돌이킬 수 없는 소멸로 몰아간다. 사람들을 기민하게 파멸로 몰고 간다. 동물을 사로잡아 죽이려고 덫으로 몰아대는 사냥꾼들처럼, 이 악한 세력은 사람들을 **"최후 종결 지대"**로 몰아간다. 그래서 이제는 더 이상 사람들이 자녀들을 출산해 인간 생명을 지속시키는 일을 전혀 못하도록 단호히 중단 시킨다.

조용한 전쟁!

정적 속에 전쟁이 벌어지고 있다. 만일 우리가 이 전쟁에서 상대에게 패배를 안겨주지 않는다면, 미래의 어느 날 세계 인류와 이 나라 사람들은 땅 위에서 점점이 사라질 것이다. 이 넓은 땅에 사람이 움직이는 모습을 더 이상 발견할 수 없을지 모른다. 그때 '**대비극**'이 발생한다.

우리에게 큰 위험은 위장한 악마의 세력을 간파하지 못한다는 점이다. 그런 이유로 나라에 심지어 대통령과 지도자들마저 아무 경계심 없이 악독한 대적을 포용한다. 일부 종교 지도자들이나 정치 지도자들, 또한 일부 학자들까지 악마의 추한 정체를 파악하지 못하면서 오히려 포용하고 있다!

버락 후세인 오바마(Barack Hussein Obama) 대통령이 위협적인 적을 공식적으로 인정했다. 그래서 이 세력은 마치 동맹군이나 친구처럼 다가오게 되었다.

대통령은 이 세력의 참 정체를 아는가?

그가 동성 결혼이라는 이 세력을 공공연히 지원함으로써 이제 닫혔던 문이 활짝 열리고 이 세력을 막기 위해 쌓아 올렸던 50개 주의 성채들이 무너지게 되었다. 대적들은 열린 문들을 통해 쉽사리 들어올 수 있다. 그리하여 미국의 사업장이나 일터나 공립학교에 마저 들어가 모든 사람을 공격할 수 있게 되었다.

그들의 침입을 막으려 공고히 세워 놓은 주의 성채(bulwark)와 요새(fortress)가 무너졌으며 전투의 장애물들이 모두 사라졌다. 적군은 완전한 자유를 만끽하면서, 국민들을 공격할 수 있다. 더욱이 어떤 사람들은 이 세력을 보호하고 방어하면서 환영하기도 한다.

이것은 정말 어처구니없고 당황스럽다. 하지만 바로 이 일이 이 나라에서 발생했고 지금도 실제로 일어나고 있는 상황들이다. 일부 지도자들과 사제들은 눈이 가려져 위장한 상대의 정체를 바로 보지 못한다. 그러므로 그들은 오히려 적군을 지원해서 착한 사람들을 마음 놓고 공격하고 정복하도록 만든다. 정치 지도자들도 이 세력이 공격하지 못하도록 막거나 대항하지 않는다.

'커다란 두 날개를 가진 새'처럼, 이 잔인한 세력은 두 날개를 활짝 편 채로 미국 대지 위 창공을 자유롭게 훨훨 날아다니면서, 가족들과 국민들에게 해로운 공기와 요소를 맘껏 퍼뜨릴 수 있게 되었다. 착한 사람들이 해로운 바람에 접촉 되어 가족과 직업, 사업과 환경에서 나쁜 영향을 받는다.

그 때문에, 또한 이들이 사과나 쿠키를 들고 오기 때문에, 사람들은 쉽사리 패배당하고 심지어 상대를 기꺼이 수락하기도 한다. 그들은 상대가 뿜어내는 독이 해롭다는 것을 알지 못한다. 그리고 이런 이유로 적군은 향기로운 독을 발산하면서 국민들에 대해 쉽사리 승리 할 수 있다.

사람들은 적이 발산하는 것이 향수인지 독인지 분간하지 못한다. 그 냄새는 향기롭고 유익한 듯 느껴지기 때문이다. 그렇지만 그 실체는 '치명적인 독'으로, '인간 생명을 박탈하는 것'이다. 더 이상 인간 생명을 존속시킬 여지가 전혀 없다. 무섭다! 공포를 일으킨다! 국민들이 사멸하느냐 존속하느냐의 문제가 이 전쟁에서 악한 세력을 어떻게 대하느냐에 달렸다.

조용한 전쟁 (silent war)!

적막 속에서 악마의 공습이 계속된다. 사탄이 입을 벌려 세상을 삼키려는 무자비한 전쟁이 치열하게 벌어지고 있다. 이 전쟁에서 폭탄이나 미사일을 볼 수 없다. 하지만 전쟁은 극도로 맹렬하다.

"이 나라 국민들이 죽느냐 사느냐의 전쟁이다."

"세계 인류가 존속하느냐 아니면 사멸하느냐의 전쟁이다."

이 무자비한 적들에 맞서 승리를 쟁취하느냐 아니냐가 나라 운명의 번성이나 몰락을 결정할 것이다. 인류의 번성이냐 몰락이냐를 결정할 것이다.

대한민국은 번창할 것인가, 아니면 퇴락할 것인가?

미국은 번영할 것인가, 쇠퇴할 것인가?

전 세계의 인류는 번성할 것인가, 사멸할 것인가?

2. 조용한 전쟁의 동맹국과 적대국

전쟁이 발발하면 동맹국(ally)과 적대국(anti-ally)이 생긴다. 동맹국은 우리와 함께 힘을 합쳐 적을 격파하는 나라들이다. 반면에 적대국은 우리의 적과 연합한 나라들이다. 동맹국이 늘어날수록, 우리가 승리할 가능성이 보장된다. 역으로 적대국이 늘어날수록 적군이 승리할 가능성이 커진다.

전투가 계속될수록, 전쟁을 지원하기 위해 우리에게나 적군에게 연합하는 동맹이나 대적이 점점 형성된다.

이 조용한 전쟁에서 누가 우리의 동맹이고 누가 우리의 대적일까?

동맹국과 적대국 사이 경계선을 명확히 그을 수 없다.

일반적으로 '결혼,' 즉 '진정한 결혼'(real marriage)을 지지하는 사람들이 우리의 동맹이다. 그들은 인간 생명을 존중하고 도덕성을 지녔다. 순수하고 진실한 미국인으로서 인류의 전통과 가치를 존중하는 사람들이다. 성서를 존중하는 기독교인들, 기독교인다운 성결한 삶을 추구하는 사람들, 신학자들, 종교적 또는 정치적 지도자들, 착하고 성실한 사람들이다. 그들은 인간 존재의 고귀함을 깊이 인식하고 땅 위에서 인간 존재의 존속을 소중히 여긴다. 성서에 근거한 기독교 정신을 존중한다.

그들은 소위 동성 결혼을 반대한다. 인류의 오랜 역사 속에 전해 내려

온 결혼의 가치와 전통을 존중하고 결혼을 통해 형성되는 국가의 기본 단위인 '가족'(family)을 매우 소중하게 여긴다. 그러므로 소위 동성 결혼은 결혼이 아니라고 생각한다. 기독교인들은 게이나 레즈비언 결혼이 극히 비정상이며 하나님이 몹시 증오하는 죄(sin)이고 가증스러운 행위이므로, 그런 행위를 허락해서는 안 된다고 생각한다. 그것은 인류를 멸종으로 이끈다. 그러므로 창조주 하나님을 대항하는 죄악이며, 하나님의 창조 질서에 반역하는 것이다.

그들은 창세기에 나오는 '아담과 하와의 이야기'를 따라 **결혼이** '**한 남자와 한 여자 간에 거룩한 연합**'이라고 확고히 선언한다. 동성애는 가증한 죄악이다(레 18:22, 20:13; 롬 1:26-27). 성적으로 부도덕하다(막 7:21; 갈 5:19). 동성애를 하는 자들은 하나님 나라를 상속받지 못한다(고전 6:9-10). 그들은 성경대로 생각하고 믿는다. 그리고 그들의 생각은 바르다. 그들은 건전한 신앙과 바른 분별력을 지녔다. 우리가 그들이다. 우리는 하나님의 창조질서를 거역하고 하나님의 무서운 심판을 불러오는 동성애, 인간 존재를 무자비하게 파멸시키는 이 가증하고 잔악한 악의 세력을 배격한다.

이 조용한 전쟁에서 누가 우리의 적대국일까?

그들은 인간 존재를 별로 고귀하게 여기지 않는 자들이다. 그래서 책임 없이 방만한 자유만 주장한다. 그들의 시야는 자신의 한 세대를 벗어나지 못한다. 인간을 깊이 존중하지 않고 땅 위에서 인류의 존속에 별로 관심이 없는 사람들이다. 그래서 소위 동성 결혼을 주장하여 생물학적으로 인류 멸종을 가져오는 원인을 제공하게 되더라도, 전혀 염려하지 않는다.

아무런 양심의 거리낌도 없다. 이기주의적인 자유를 추구하는 사람들, 자유주의(진보주의)나 급진적인 학자들, 사람들, 정치가들, 또한 심지어 자유주의나 급진적 신학자, 종교 지도자, 성서를 심오하게 존중하지 않는 기독교인들이다. 세속적인 사람들과 깊은 신앙과 판단이 부족한 듯 보이는 사람들이다. 다양한 분야의 소위 진보주의 지도자들과 성서와 전통을 무시하고 개인의 쾌락과 자유를 추구하는 이들이다.

그들은 비정상적인 쾌락을 추구하면서, 너무 지나치게 개인의 자유를 만끽하려 한다. 그리고 전통적인 가치와 규범과 법칙을 무시한다. 나라의 기본 단위인 **'가족의 신성함과 소중함'**을 깊이 깨닫지 못한다. 그런 사람들은 또한 성서를 무시한다. 국가의 오랜 전통과 고귀한 정신도 무시한다. 심지어 아무런 불안감도 없이 성서에서 죄로 선언한 동성애를 자행하면서 하나님이 창조 시에 설정해 놓은 자연의 법칙마저 파괴하고 대항한다. 자연에 흐르는 순리를 역리로 돌려놓고자 한다.

또한 그들은 도덕성이나 신앙적 경건성에 관심이 없다. 그들이 원하는 것은 여기서 지금 당장 아무 구속 없이 최대한 즐기는 생활이다. 바람이 부는 야생 들판에서 깡충거리며 뛰어노는 토끼들처럼, 그들은 훌쩍 뛰면서 오직 지금 여기의 시간과 공간만을 흥겨워하고 즐거워한다. 그리고 자신의 인생과 나라의 미래에 대해 깊이 생각하지 않는다. 이 세상은 눈에 보이는 그대로 행복과 쾌락을 즐기기에 충분히 좋다.

인생이나 나라의 미래를 생각할 이유가 무엇이랴?

그들은 또한 일부 진보주의나 급진적인 기독교인이며 혼동된 마음을 지닌 자들로 인간 존재와 민족의 미래에 깊은 관심이 없다. 그래서 기꺼이 동성 결혼도 인정한다. 그리고 동성 결혼에 갈등을 느끼지도 않는다. 그들 대부분은 스스로 본능이 느끼고 원하는 대로 즐길 자유가 있으며, 결혼(참된 결혼)에 구속되지 말아야 한다고 생각할 것이다.

결혼과 관련 '하나님의 창조질서와 법'(창 1: 27-28)에 관해 깊이 고민하면서 생각해볼 필요를 느끼지 않는다. 인간은 전통이나 도덕과 무관하게 자신의 욕망에 이끌려 살 권리가 있다고 한다. 그들에게 '인간은 만물의 척도다.' '성서에서 동성애를 죄로 규정'해도 양심의 가책을 느끼지 않는다.

러시아의 푸틴은 말했다.

"국민의 출산률을 높이려면 동성애를 조장해서는 안 된다."

러시아인의 번성을 위해 그는 동성애를 반대한다. 하지만 동성애를 찬성하는 자들은 민족의 번성에 무관심하다. 자신들이 살면서 온갖 종류의 쾌락을 즐길 자유가 있다고 생각하면서, 먼 미래의 국민이나 국가 번성에는 관심이 없다. 미래에 민족과 인류, 나라와 온 세계가 쇠퇴할 것인가 번창 할 것인가는 그들에게 관심 밖이다.

결과적으로 이 악의 세력에 대해 그들은 눈이 멀었다. 그래서 가면을 쓴 적의 정체를 알아채지 못하고, 동맹으로 간주하면서 환영한다. 그들은 상대가 적이라는 사실을 알 수 없기 때문에 상대를 패배시킬 수 없다. 오히려 해로운 상대를 적극 포용한다. 그 결과는 패배요, 몰락이다. 그들이 전혀 염려하지 않는 동안, **'생명력을 상실한 공허함과 황폐함'**이 그자신의 인생과 나라의 전역과 세계 나라들을 휩쓸리라. 동성애가 추구하는 극한의 쾌락과 지나치게 이기주의적인 자유 때문에 그들은 적의 정체성을 포착하지 못한다.

물고기가 미끼를 물거나 동물이 죽음의 함정으로 떨어지는 것과 비슷하다. 큰 쾌락으로 보이는 것은 사실 독(poison)이었다. 사람을 중독 시켜 인간 육체를 파괴하고, 인간 생명의 잉태를 방지하면서, 자신들의 분신으로 나올 아기를 미연에 없애는 독이었다. 그러므로 당신이 아주 나이 들어 죽음으로 이 세상을 떠나면 그것으로 끝이다. 이 지구상에서 당신들은 사라질 것이고 그와 너불어 인간이라는 종도 사라지리니….

이 조용한 전쟁에서 이 나라에 적대국들이 점점 더 늘어나는 것 같다.

오바마 대통령의 부추김, 정치, 사회와 종교에서 일부 혼동된 지도자들의 영향아래, 대적들이 많아졌다. 이 전쟁에서 우리는 대 위기에 처해있다. 우리 모두에게 당면한 그 위기(peril)는 실재다.

우리 인간은 존속할 것인가, 아니면 사멸할 것인가?

번창할 것인가, 아니면 쇠퇴 할 것인가?

3. 미국에서 일어난 충격적인 사건들

이 나라의 대통령이 공식적으로 '비정상의 동성애'를 지원하고 '결혼'으로까지 차원을 높이면서 보여준 지나친 열망에 매우 놀랐다. 소위 '동성 결혼 합법화'를 강제하면서 비윤리적이고 비성서적인 동성애를 격상시키고 열렬히 지원한다는 사실에 큰 충격을 받았다. 이것은 받아드릴 수 없는 일대 충격이었으며 우리는 아직도 그것을 결코 이해할 수 없다.

오바마 행정부가 미국 모든 주에 동성 결혼 합법화를 서두르고 있다. 그는 대법원에도 서류를 제출해 압력을 가하면서 촉구하였다. 정상적인 사람들이 전에는 상상 조차 하지 못한 일들이 지금 한 나라에서 벌어지고 있다니! 어떻게 나라의 대통령이 자기민족의 쇠퇴와 몰락을 가져오는 '동성애' '동성 결혼'을 그처럼 열렬히 합법화하고 싶어한단 말이냐…도무지 이해 할 수 없는 정황이다.

세계의 나라들과 인류가 위기에 처하고 있다. 오바마가 **하나님의 창조질서와 자연질서를 공공연히 거역하고 파괴하면서 범죄하도록 이끄는 법**, 즉 '동성 결혼 합법화'를 열성적으로 추진한다. 그러면서 한국과 다른 나라들도 부추긴다. 대부분의 사람들은 이런 비정상적인 일에 강력히 반대한다.

믿기 어려운 일들이 벌어지고 있다.

나라가 스스로 자기-멸망을 향해 달려가도록 만들려는 것일까?

오바마는 하나님의 말씀을 공공연히 무시하고 부인하면서 사람들을 전혀 잘못된 방향으로 이끈다. 끔찍하고 충격적인 기사 제목들이 보인다.

> '오바마 행정부가 대법원에 동성 결혼을 지원하라고 촉구하다.'
> '버락 오바마의 행정부가 처음으로 미국 대법원에 동성 결혼을 합법화 시키라고 촉구하다'(2015. 3. 6.).
> '오바마 행정부가 대법원에 동성 결혼을 합법화시키라고 억지로 요구하다.'
> '동성 결혼 금지는 비헌법적이다' 법부무가 대법원에 말하다.
> '오바마 행정부는 주에서 시행하는 동성 결혼 금지가 위헌이라는 판결을 대법원이 내려야한다고 생각한다'(「알티」, 2015. 3. 7.).
> '오바마 행정부는 주의 동성 결혼 금지가 비헌법적이라는 신념을 발표하는 간략한 문서를 방금 대법원에 제출하였다'(「씨비에스」, 2015. 3. 6.).

아이러니한 사건이 일어나고 있었다. 국민이 건강하고 번성하도록 지원하고 돌보아주는 행정을 해야 할 대통령이 **주에서 오랜 역사 속에 법으로 금지해 온 비정상 행위, 인구를 감소시키고 국민을 몰락으로 이끄는 소위 '동성 결혼'**을 법으로 보장해야 한다고 강력히 주장하고 나섰다.

이 얼마나 어처구니없는 처사인가?

억지떼를 써서라도 매우 해로운 동성 결혼을 합법화시키려 한다!

인류의 오랜 역사와 전통 속에 깊이 뿌리박힌 '**신성한 결혼제도**'에 빨간불이 켜지고 있었다. 그로 인해 매우 위험하다는 신호음이 퍼져나가고 있다. 잔잔한 바다에 허리케인이 일어나듯, 그래서 평화로운 바다물위를 휘젓고 사납게 파괴시키듯, '**한 남자와 한 여자의 성스러운 결합인 결혼**'에 파괴적인 흑암의 바람이 세차게 몰려온다….

그런데 '남자끼리'또는 '여자끼리'결합하는 것을 '결혼'이라 칭할 수 있나?

"아니다!"

그것은 '결혼'이 아니다…그것은 그냥 '동성애'나 '동성 결합'이라 불러야 하지 않을까?

동성애는 오래전부터 있어 왔다. 구약성경에서 족장 시대에 아브라함의 조카 롯의 집에 머무는 두 천사에게 소돔사람들이 몰려와 '성관계'를 하겠다고 끌어내라면서 롯에게 아우성친다(창 19:1 - 5).

이처럼 성적인 타락이 만연한 **소돔과 고모라!**

하나님은 이 두 도시에 유황불을 비같이 내리셔서 다 멸하셨다(창 19:24-28). 소돔과 고모라는 성적인 부도덕(sexual immorality)으로 인해 영원한 불의 형벌을 받는 본보기가 되었다(유 1:7; 벧후 2:6-7). 성적으로 부도덕한 동성애로 타락한 그 옛날 도시 '**소돔과 고모라**'를 하나님은 **불과 유황으로 심판하셨으며, 후대와 우리시대에 성적인 부도덕을 향해 진노하시는 하나님의 심판의 본보기가 되게 하셨다.**

이스라엘 왕정이 시작하기 전 사사시대에 동성애를 저지르는 사람들의 모습을 볼 수 있다. 에브라임 산지에 거주하는 어떤 레위 사람이 '기브아'성읍에 들어가서 한 노인의 환대를 받고 그 집에 머무르면서 쉬고 있었다(삿 19:1-21). 그때 불량배들이 그 집을 에워싸고 말한다. "네 집에 들어온 사람을 끌어내라. 우리가 그와 관계하리라"(삿 19: 22). 성적인 타락이 적나라하다.

성적으로 타락한 인간들의 비정상적이고 죄악된 행동, 하나님은 이런 동성애의 타락이 만연한 도시들을 흔적도 없이 사라지도록 유황불로 심판하셨다!

이 심판은 하나님이 성적으로 타락한 동성애, 남색을 얼마나 싫어하시는지 보여주는 한 단면이다. 구약성경에는 '근친상간'이나 '수간' 등과 더불어 '동성애'를 하는 자들을 죽이라고까지 명령하신다.

"누구든지 여인과 동침하듯 **남자와 동침하면 둘 다 가증한 일을 행함인즉 반드시 죽일지니** 자기의 피가 자기에게로 돌아가리라" (레 20:13).

이처럼 동성 결합은 가증한 행위요 하나님이 증오하시는 죄악이다! **동성 결합을 하는 자들은 하나님의 나라를 유업으로 받지 못한다**(고전 6:9-10). 동성애는 하나님을 등지는 미련하고 어두운 마음을 지닌 인간들의 타락한 행위다(롬 1:21-27).

성서에서 무서운 죄악이라고 거듭거듭 경고하는 '동성애'(남색, 여색)를 오바마 대통령은 이 나라와 인류 사회에 정상적인 결혼으로 뿌리 깊이 심어놓으려 온 열정을 다 쏟고 있다. 동성애가 정상이요 결코 금지할 사항이 아니라는 것이다.

동성애가 죄악인 줄 알면서도 마음이 어두워져 빠져 든 자 들이 있을 수 있다(롬 1: 21, 32). 그렇게 동성애 행위에 빠져든 자들은 정상이 아니며, 그릇된 행위를 하는 것이다. 그런 그릇된 일을 행하는 자들은 자신들만 할 뿐 아니라 다른 사람들도 그릇된 일을 하도록 부추기고 **이것이 옳다고 한다**(롬 1:32 참고).

오늘날 동성애를 인정하려는 자들이 있다. 심지어 성직자나 신학자 중에도 반대하지 않는 이들이 있다. 이들이 성서에서 가증한 죄로 여기면서 강력히 금하는 동성애를 죄가 아니라고 한다면 (이것은 분명히 성서와 다른 해석이다), 성서의 다른 내용들도 자의로 해석할 수 있다. 결국 선량한 사람들을 잘못 이끄는 죄를 범하는 것이다. "살인은 죄가 아니다"라고 말할 수 없듯, "동성애는 죄가 아니다"라고도 결코 말할 수 없는데, 그것은 죄이기 때문이다.

하나님을 두려워하지 않는 사람들이 스스로 동성애의 타락된 행위로 찾아 가는 것은 그들 자신이 심판 받을 일이고, 그들 자신에게 전적으로 책임있는 일이다. 하지만 **동성애를 합법화시키고, 더욱이 '동성애'라는 비정상으로 왜곡된 행위에 '결혼'의 신성한 명칭까지 붙여주면서 '동성 결혼'이라 부르는 것은 얼마나 더 무서운 발상인가!** 동성애라는 정상이 아닌 비윤리적 행위를 성서의 말씀과는 정반대로, 마치 정상인양 드높이고, '결혼'이라는 칭호까지 더해 격상시킨다. 더 나아가 '동성 결혼 합법화'를 강력히 촉구하고 있다. 생물학적인 질서를 어지럽히는 것이다. 성서의 가르침에 대한 정면 도전이다. 창조질서와 자연질서를 파괴하고 깨뜨리는 것이다.

이런 아이디어가 정상인의 머리에서 나온 사고일까?

성서에서 강하게 금지하는 비자연적이고 부도덕한 인간의 성행위들(게이, 레즈비언, 양성애자, 성전환자 등)을 버락 후세인 오바마가 극구 칭송해서 '동성 결혼'으로 위상을 세우고, 거기서 더 나아가 '동성 결혼의 합법화'를 통해 나라 전역에 드높이려 한다. 그는 정상적인 생물학적 질서와는 반대로 생물을 파괴하는 방향으로 나간다. 성서와는 정반대로 부도덕하고 파멸적이며 악한 제도의 시행을 열렬히 추구한다.

그는 인류 역사에서 '결혼'이라는 신성하고 고유한 영역에, '동성애'라는 왜곡되고 해로운 행위를 강제로 포함시키고자 한다. 그리하여 '결혼이라는 신성한 영역'에 파괴적이고 가증한 행위를 침투시킨다.

'신성한 결혼제도'를 모독하고 붕괴시키려 한다! 어이없고 충격적이다! 악하다!

대통령과 그의 행정부가 이처럼 비정상의 일을 열렬히 추진하는 정황이 놀랍기만 하다.

소돔과 고모라처럼 불의 심판을 받아 몰락하기를 바라는 걸까?

왜 동성 결혼을 보장하라고 대법원에도 압력을 가하나?

"그들은 미국인이 아닌가?"

"아니다."

그들은 미국인이다.

> 버락 오바마 대통령의 행정부가 미국 대법원에 문서를 제출해 주의 동성 결혼 금지법이 무너져야 한다고 요청하였다…이 외형상 차별 법들은…동성 결혼 커플과 그 자녀들이 이류급 가정이어서 이성 커플이 누리는 혜택과 인정을 받을 가치가 없다는 피할 수 없는 메시지를 보낸다…(「애듀케이션 위크」, 2015. 3. 9.).

빌 클린턴은 '결혼을 한 남자와 한 여자의 연합으로 규정한 결혼 옹호 조항'에 사인하였다. 오바마 정부가 이 '결혼 옹호 조항'을 법원에서 무효화하기로 결정 했다(2012년).

반면에 그는 대법원에도 압박을 가하면서까지 '동성 결혼 합법화'에 매우 조급해하면서 열을 낸다.

국민의 번성을 가로막는 열심!

죄악으로 가는 불타는 열정!

사람들을 몰고 소돔과 고모라로 달려가는 타오르는 정열!

소위 동성 결혼을 합법화하려는 그의 이상한 욕망을 이해하기 어렵다. **동성애는 사람 몸에 질병을 일으키고**(에이즈, 항문 암과 파열, 여러 질병들), **인간 수명을 단축시키며**(동성애자는 수명이 약 30-40년 단축됨), 왜곡된 성적욕구의 분출로 '**해로운 행위**'라는 것이 일반상식이기 때문이다. **그처럼 사람에게 해로운 행위는** 이제껏 주(state)뿐만 아니라 세계 여러 나라에서 하듯, **금지하는 것이 당연하다!**

그렇지 않은가?

어떻게 사람의 육체와 생명에 극히 유해한 행위들을 합법화하고 지지할 수 있단 말이냐?

인간에게 해로운 행위는 당연히 법으로 금해야 한다. 그것이 헌법적이다. 하지만 오바마는 정반대로 사람들에게 아주 유해한 삶의 방식을 법으로 보장하고 강력히 장려하고 싶어한다.

소위 동성 결혼을 급히 확산시키려는 목적에 사람들은 의심하게 된다. 소위 동성 결혼의 끔찍한 결과, 즉 **인간 멸종이라는 피할 수 없는 결과**를 알기 때문이다. **비극이다!**

21세기에 인간-대학살과 기독교인 - 대학살을 저지르고 전 세계를 대상으로 테러를 일으킨 ISIS…이 테러 세력을 공격하자는 여러 조언에 그는 귀를 막았었다!

군대와 지도자들이 적극 공격하자고 조언했지만, 그는 장기전으로 끌면서 듣지 않았다. 그러는 동안 수많은 무고한 사람들과 수많은 기독교인이 ISIS에 의해 피를 흘리면서 죽어갔다. 하지만 그는 아주 유유자적 하면서 서서히 움직였다.

기독교인들이 피를 흘리면서 죽어가도 그 처럼 여유를 보이던 그가 소위 동성 결혼 합법화는 온몸으로 스피드를 가하니 어처구니없고 놀랍기만 하다.

그는 주에서 시행하는 '**동성 결혼 금지법**'을 없애라고 대법원에 강력히 촉구했다.

벼락 후세인 오바마는 미래에 나라와 온 세계에 만연할 **비정상의 가족들**을 상상하고 있는 걸까?

그러면서 미소 짓는가?

그는 미래에 길거리에서 '많은 게이와 레즈비언'이 활보하면서 희희낙락 하는 좀 별난 장면들을 떠올리고 있는 것일까?

자연질서를 파괴하고 괴이한 상태로 돌아가는 인간의 모습을 그려보고 있는가?

그는 수없이 많은 사람이 가정에 '두 아빠'나 '두 엄마'를 가졌을 비정상적인 장면을 상상하는가?

게이 가정을 이루어 살면서 에이즈나 질병에 걸려 고통당하고 결국 자손 없이 끝날 비참한 사람들의 모습을 떠 올리고 있을까?

동성애로 인해 인구가 줄어들고 부도덕한 삶을 살아가는 사람들 사이에 일어날 깊은 혼돈과 갈등을 내다보고 있을까?

그리고 이런 것들이 '동성 결혼 합법화'를 통해 진정 구현되기를 바라는 이유들일까?

'황폐한 벌판과 버려진 땅!' 타락한 부도덕한 나라!
여기에 사람들이 점점 사라져가고 '타 민족이나 동물들이 번성하는 나라!'
인간들이 점점이 사라지고 동물들이 들끓고 인간을 대신하는 나라….
오바마가 말했다.

> …오랜 기간 동안 숙고해오면서 금년(2012년)에 나는 동성 커플이 결혼하러 올 때 우리가 반대하면서 차별할 수 없다고 결론을 내렸다(「포스트 폴리틱스」, 2013. 3. 1.).

오바마가 말했다.

> 미국이 세워진 기본 원칙, '우리는 모두 평등하게 창조되었다'(we're all created equal)는 이념은 인종이나 성별, 종교나 민족성과 마찬가지로 성적 취향(sexual orientation)에 관계없이 모든 사람에게 적용된다(「포스트 폴리틱스」).

'**우리는 모두 평등하게 창조되었다**'라는 이데아(idea)를 소위 동성 결혼을 옹호하는 근거로 내세운다. 하지만 잘못 이해한 것으로 보인다.

4. 우리는 모두 평등하게 창조되었다

이 이념을 동성 결혼의 지지 근거로 삼는 것은 빗나갔다. '**우리는 모두 평등하게 창조되었다**'는 선언이 교사가 학자이고 의사가 음악가라는 뜻은 아니기 때문이다. 더욱이 결혼이 동성 결합이고 게이 연합이 동성 결혼이라는 의미도 아니기 때문이다. 비정상의 추천하지 못할 행위가 정상의 추천할 행위라는 말도 아니다. 동성애라는 '비정상의 성적 취향'은 인종, 성별, 종교, 민족성(이들 모두는 선천적 자연적 특징) 등과 같은 계열에 둘 수 없다.

왜냐하면 동성애는 자연적 보편적이 아니라 인위적으로 왜곡된 행위이기 때문이다. **동성애는 인위적으로 뒤틀리고 특이한 '비정상 행위'다. 성서에서 금하는 대로 부도덕한 성적 행위다.** 이처럼 비정상의 왜곡된 행동은 자연적, 정상적 부류의 인종, 성별(선천적 요소)처럼 보편적으로 인정할 수 있는 요소가 아니다. 오히려 육체와 생명을 파괴하는 이런 왜곡된 행위는 금해야 마땅하다.

인종, 성별, 민족에 관계없이 우리는 모두 평등하게 창조되었다. 인간은 본래 하나님의 형상을 지닌 고귀한 존재로 창조되었다. 그러므로 모든 인간은 태어날 때 누구나 하나님 앞에 차별 없이 평등하다. 인간은 태어날 때부터 평등하다.

하지만 평등하게 태어난 인간이 성장하면서 성인이 되어 스스로 결정해서 행동하는 생활 방식은 각기 다르다. 어떤 사람은 선을 행하고 어떤 사람은 악을 행한다. 어떤 사람은 고의로 도둑질하고 어떤 사람은 길에서 주운 두툼한 지갑도 주인을 찾아 돌려준다.

'우리는 모두 평등하게 창조되었다'는 이념은 도둑이든 착한 시민이든 똑같이 평등하다는 말이 아니다. 은행원이 교사라는 뜻도 아니다. 그 이념은 보다 높은 상위법일 것이다.

이 상위의 법이념이 실제 상황에서 적용되려면, 더욱 자세한 규정이 필요할 것이다. 우리는 높은 이데아를 모든 인간 생활의 근거법(기본 법칙)으로 지니고 있다. 그리고 실제 상황에서 그 이상을 적용하기 위해서는 보다 상세한 규정이 필요하겠다.

'우리는 모두 평등하게 창조되었다.'

하지만 우리가 선택하는 삶의 방식 (ways of life)은 다르다.

그렇지 않은가?

그리고 각 사람은 스스로 선택한 생활 방법에 따라 행동하게 되며, 그처럼 자신이 선택한 생활 방식과 행동에는 책임이 따를 것이다. 그러므로 '우리는 모두 평등하게 창조되었다'는 조항이 비정상을 정상이라고 지원하지 않는다.

동성 결합을 결혼으로 보장하지도 않는다.

다시 말해 **'인간 평등 창조'**의 이념은 **동성 결합을 결혼으로 간주하라**는 근거를 전혀 제공하지 않는다. 왜냐하면 **'결혼'과 '동성 결합'은 성격과 내용에서 또한 실재에서도 다르기** 때문이다. **'결혼'과 '동성 결합'은 전혀 다른 두 개념이다.**

'사과'와 '자두'가 같은 것일까?

다른 두 개념을 같은 범주로 해석하면 잘못이 생긴다.

정직한 생활과 비정직한 생활에 같은 내용을 말할 수 있나?

비정상적인 생활과 정상적인 생활, 성실한 생활과 불성실한 생활, 부지런한 생활과 게으른 생활 간에 같은 혜택을 베풀 수 없다. 또한 신실한 생활과 비신실한 생활, 진실한 생활과 거짓된 생활, 자연적인 생활과 비자연적인 생활, 생산적인 생활과 파괴적인 생활 간에 같은 권리를 주장할 수도 없다.

소위 '동성 결혼'이 '결혼'과 같다는 주장은 **근본적으로 틀렸다.** 그 이유는 게이 연합 즉 소위 '동성 결혼'이라는 것이 정말 '결혼'(본래적 의미의 결혼)은 아니라는 간단한 사실 때문이다.

'동성 결합은 결혼이 아니다.'

소위 동성 결혼이 본래적 의미에서 결혼이 아님은 엄연한 사실이다.

심지어 우리는 그것을 어떤 방식으로든 결혼이라 부를 수 있는지까지도 문제를 제기한다.

왜냐하면 소위 동성 결혼은 결혼과 개념상 완전히 다르고, 또한 실제적으로 다르기 때문이다. 따라서 그것은 '동성 결합' 또는 '동성 연합'이라 부르는 것이 아마 더욱 적절하며, 결혼과 완전히 다르고, 결혼이 참으로 의미하는 것, 결혼이 참으로 행하는 것, 결혼이 무엇인가라는 정체성과도 전혀 다르다. **이 둘 사이에 유사성이 거의 없다.**

> 그러므로 오바마 대통령이여! 행정부 수반으로서 권력을 휘두르면서 사람들에게 동성 결합을 정상적인 결혼으로 지지하라고 강압하지 마십시오. 사람들이 잘 알 듯, 동성 결혼은 정상이 아닙니다. 심지어 우리는 그것을 결혼이라 부를 수 있는지도 의심합니다. '결혼'이라는 단어는 하나이며, 여럿의 '결혼'은 있지 않습니다. '바다'라는 하나의 단어가 있어 '바다'를 가리키듯, '결혼'이라는 하나의 단어가 있어 '결혼'을 가리킵니다. '섬'을 '바다'에 포함시키지 않습니다. '새'는 새이고, '개'는 개입니다. 동성 결합은 아마 '결혼'과 비슷해 보일지 모릅니다. 하지만 정확하게 결혼과 다른 것입니다.

소위 동성 결혼은 자연의 한 부분인 인간에게 '변이'(mutation)와 같은 별난 현상으로 보인다. 그 자체가 별나므로, 그런 별스러움에 상당하는 방법으로, 즉 우리 사회에서 '별난 현상'으로 다루어야 함이 적절할 것이다. 별난 그것을 정상적인 결혼으로 간주하려는 것은 무리다. 그것은 마치 변이를 정상으로 간주할 수 없는 것과 비슷하겠다. 변이는 그 자체를 비정상이라고 이해해야 바르다. 왜냐하면 '변이' 그 자체가 정상에서 이탈이기 때문이다. 이렇게 이해하는 것이 옳다.

따라서 누군가가 변이를 정상으로, 혹은 정상과 같다고 우기면, 그는 정말 잘못 이해 한 것이다. 만일 그런 잘못된 이해를 모든 사람에게 강요한다면, 더욱 큰 잘못을 하는 셈이다. 그런 행동은 건전한 정신을 파괴하면서, 사회 속에 너무 큰 혼란, 분열, 갈등을 일으킨다. 자신들의 잘못된 이해는 오직 자신들의 사고 내에서 하나의 의견으로, 자신들의 경계 내에 머물러야 하며, 다른 사람에게 강요하지 말아야 하겠다.

마찬가지로 소위 '동성 결혼'도 정상이 아니다. 그래서 대통령은 우리에게 그것을 정상이라 강요할 수 없다.

그렇지 않은가?

'동성 결합'은 '결혼'과 달리 비정상이다. 그래서 '결혼'과 달리, 동성 결합을 있는 그대로의 내용과 행하는 사실 그대로 바라보아야 한다. 그러므로 동성 결합에 대하여, 우리는 결혼과 똑같은 방식으로 말할 수 없다. 이유는 간단하다. '동성 결합'은 성격(nature)과 실체(substance)에서 '결혼'과 상이하기 때문이다. 그 생활이 보여주고 단어 자체가 들려주는 것처럼, 동성 결합은 결혼이 아니다.

그래서 동성 결합을 결혼과 동등하게 간주하지 말자!

각기 다른 두 단어를 같은 개념으로 간주하면서, 하나의 범주로 묶어 다룰 때 혼동이 일어난다. 그리고 사람들은 불평등(inequality)을 겪는다. 왜냐하면 모든 사람에게 참된 평등이란 상이한 문제나 주제에 대해 상이한 방법으로 처리하면서 실현되기 때문이다.

'**우리는 모두 평등하게 창조되었다**'는 선언은 인간의 서로 다른 행위나 방식이 서로 다른 모습대로 다르게 평가되면서 가장 잘 구현

될 수 있겠다.

소위 동성 결혼과 관련해서 벌어지는 일들 때문에 점점 더 충격을 받는다. 걷잡을 수 없는 대 혼란이 일어났다. 백악관을 진원지로 거대한 대 혼동의 마그마가 용솟음치면서 분출한다. 백악관은 이 마그마가 거세게 분출해 널리 널리 퍼져나가도록 부추기고 있다. 이 혼동의 시커먼 용암이 흘러 넘쳐 미국 전역뿐만 아니라 한국에도, 전 세계와 온 인류에까지 강력하게 번져나가고 있다. 백악관은 한국에도 이 시커먼 용암이 마구 흘러 들어가도록 부추기고 있다.

> 버락 오바마 대통령은…이제 미국 헌법에 따르면 주에서 게이와 레즈비언 커플의 결혼을 허락해야함을 믿는다고 말했다. "궁극적으로, 평등 보호 조항이 50개 주 전역에서 동성 결혼을 보장 하는 것이라고 생각한다"고 오바마는 말했다(「폴리티코」, 2014. 10. 20.).

대통령이 모든 주에서 소위 동성 결혼을 합법화하기를 원한다. 헌법의 평등 조항이 한 나라 전역에서 동성 결혼을 보장한다고 역설한다.

얼마나 위험한 발상이고 더 할 나위 없는 혼란인가?

그는 오랜 역사를 통해 전해진 소중한 '결혼제도'를 그대로 보존하기를 원치 않고, 잘못된 변화가 급격하게 일어나기를 몹시 갈망한다.

그는 왜 이처럼 비정상적이고 급격한 변화를 갈망할까?

왜 정상적인 결혼과 가정을 해치는 걸까?

가정은 국가를 이루는 기본 단위다. 가정이 병들거나 무너지면 나라도 무너진다. 건강한 가정을 비정상으로 만들고 병들게 하는 것은 결국 나라와 민족을 병들고 무너지게 하는 것이다.

건전한 가족을 파괴하는 대통령의 불건전한 욕망에 대해 우리는 그 이유를 이해할 수 없다. 그가 젊어서 지나치게 많이 피웠던 마약 때문이든(한 의사는 그가 아직 마약의 영향을 받고 있어서 탄핵사유라고 한다.「라이트 윙 워치」, 2015. 12. 8.), 반기독교 정신 때문이든(그는 최초로 미국에서 반기독교 정신을 보여주는 대통령인데[「인포워즈닷컴」, 2016. 1. 21.], 그가 가톨릭 명문 조지타운대학에서 연설할 때 예수를 상징하는 IHS를 모두 가리라고 학교 측에 요구했다[「씨엔에스 뉴스」, 2012. 5. 7.]), 미국 법을 무시하기 때문이든(공화당 대통령 후보 테드 쿠르즈는 75가지 이유를 들어 일찌감치 탄핵해야 한다고 선언했는데, 티파티[Tea Party] 등 많은 사람들이 유사 내용을 선언했다), 자연질서를 깨뜨리고 인간 생태계를 파괴하는 동성애를 부추긴다. 우리 몸에 질병을 일으키고, 생명을 단축시키며, 우리를 영원히 파괴하는 동성애라는 죄된 행위를 사회 속에 뿌리 깊이 박아 놓고자 한다.

자신의 부정확한 '평등 조항 해석'에 근거해 동성 결혼을 승인했다 해도, 그런 해석을 왜 모든 주에 지나치게 강요할까?

동성 결혼을 몰아붙이는 그에게 우리는 질문한다,

"동성 결혼 추진으로 나라에 무엇이 일어나기를 원하십니까?"

그는 나라가 번성하기를 원하는가?

아니면 황폐화되기를 바라는가?

먼 미래에 일어날 국민의 멸종을 상상하는가?

왜냐하면 점진적인 소멸에 따른 인간의 종말이 소위 동성 결혼의 피할 수 없는 결과물이기 때문이다. 그런 상황을 원하는 걸까?

성서에서 가증한 죄로 선언한 동성애를 강제로 합법화 하려는 사탄적인 열망! 그 어긋난 열정 가운데 건강한 가정과 국민을 파괴하려는 욕구가 암시된다.

비극이다!

동성 결혼은 민족의 몰락을 재촉한다. 러시아의 푸틴은 민족의 번영을 위해 오바마가 열렬히 펼치는 동성애 운동을 비판한다. 국가를 사랑하는 푸틴은 오바마의 동성애에 공개적으로 반대해서 '세 자녀와 엄마 아빠가 손을 잡은 행복한 가정 운동'을 벌인다.

그런데 오바마는 가정을 파괴하는 해로운 법을 왜 서둘러 만드는 걸까? 자신만이 그 이유를 알리라.

'평등 보호 조항'과 '동성 결혼'이라는 전혀 관련 없는 두 주제를 억지로 함께 묶어 '치명적 오류'가 생겼다.

더욱이 이 오류를 나라 전체, 나아가 한국과 유엔, 세계 전체에 강요함으로, "오류의 큰 바다"가 형성 되었다. "평등 보호 조항"이 동성 결혼의 지지 근거라고 해석한다면 범법행위를 지지하는 셈이 된다. 왜냐하면 범법자도 날 때부터 인간으로서 평등하게 태어났기 때문이다. 평등 보호 조항은 결코 그릇된 방식이나 불법적 행위를 지원하지 않는다. 다시 말해 이 조항이 **인간에게 해롭고, 부도덕하며, 가증한 생활 방식인 동성애를 보장하지 않음이 확실하다.**

그러므로 평등 보호 조항은 소위 동성 결혼 합법화의 근거일 수 없다.

동성 결합은 결혼이 아니다.

소위 동성 결혼은 비자연적(자연법의 위반), 비번성적(강요된 불임), 비정상적(동성 결혼은 정상이 아님)이며, 심지어 사람에게 매우 해롭고 위험한 (치명적 질병 발생, 수명 단축) 생활 양식이다. 이렇듯 해가 되는 행위를 평등 조항이 보장한다는 오바마의 주장은 정말 모순이다.

비정상을 정상으로 간주하라고 강요하는 것은 범죄로 이끄는 행위다. 이것은 또한 자유의 침해다.

비신앙적이고, 비도덕적이며, 유해한 삶을 강요하는 것은 불법이 아니겠는가?

비정상의 삶을 정상으로 다룬다면, 그것이 평등 보호 조항 위반이 아닌가?

왜곡되고 유해한 삶을 강요하면서, 그런 해로운 삶을 살도록 부추기고 분위기를 조성하는 것은 평등 조항의 위반일 뿐 아니라 심각한 범죄이고 악한 행위다.

> 오바마 대통령의 동성 결혼에 대한 굴곡의 길은 **동성 커플이 주에서 결혼하는 것을 헌법이 금지하지 않는다**고 오바마 행정부가 말할 때 중요한 새 이정표에 도달했다. 대법원에 제출한 대담한 언어 즉 이 외면상 차별적인 법(주의 동성 결혼 금지법)은 동성 결혼 커플에게 구체적 해를 입히며 동성 커플과 그의 자녀들이 이등급 가족이라는 피할 수 없는 메시지를 보낸다(「워싱턴 포스트」, 2015. 3. 6.).

충격적인 발언이다. 주의 동성 결혼 금지법을 차별법이라 부른다.

어떻게 이럴 수 있나?

대통령이 주(state)에서 현재 시행하는 '**동성 결혼 금지법**'을 차별적인 법이라고 하면서 헌법이 불허한다고 주장한다. 얼마나 모순적이고 피상적이며 불합리한 사고인가!

그렇다면 이제껏 주에서 잘못된 법을 시행해온 것이라고 주장하는 것인가?

그럴 리가 없다!

주에서는 헌법에 따라 소위 '동성 결혼 금지법'을 시행해 온 것이 분명하다.

오랜 역사 속에 시행되어온 주의 법을 어기면서까지 오바마는 동성 결혼을 확고히 세우려 한다. 결국 미국 헌법을 어겨가면서까지(주의 법이 금지한다는 것은 헌법에 기초한 것이므로) 세우려 한다.

왜 동성 결혼을 확장하려는 걸까?

그 이유는 간단해 보이지 않는다.

결혼과 관련하여 나라의 미래를 생각지 않았거나 국민 번성에 관심이 없어 보인다. 푸틴은 국민 번성을 위해 동성애를 반대한다.

오바마가 정말로 국민의 번성을 원한다면, 어떻게 이처럼 동성 결혼을 열렬히 지원하고 확장할 수 있단 말이냐?

오바마 행정부가 어느 연구 분야나 가난한 국민이나 학생을 위한 정책(학자금 대출)에서 좋은 행정을 하고 있다고 말해진다. 그렇다면 정말 고마워해야 할 일이다. 그렇지만 결혼 문제와 관련하여 결코 나라의 미래를 고려하지 않음이 분명해 보인다. 일부 이기주의자들이 동성 결혼을 지지할지 모른다. 그들은 아마 동성 결혼이 국가에 치명적이지 않다고 생각할 것이다. 사실 그런 일부의 동성 결혼 지지가 보여주는 영향은 그리 크지 않다.

그렇지만 대통령은 다르다. 그의 영향은 나라를 흔들 만큼 크다. 대통령이 동성 결혼을 강력히 지원하는 것은 미래의 국가 운명에 분명한 비전이 없음을 가리킬 수 있다. 의도적이든 아니든, 아니 의도적으로 오바마의 정부는 **국민의 번성을 가로막고, 도덕적 가치를 무너뜨리며, 결국 나라를 몰락으로 이끌고 있다**. 소위 동성 결혼에 대한 잘못된 해석을 국민에게 강요하면서 갈등과 분열을 일으키고 급속히 동성 결혼의 합법화를 추진한다.

그는 나라의 미래를 볼 수 없는가?

정상적인 눈이 멀었는가?

미국 전역과 한국 등 세계 여러 나라에 동성 결혼을 심으려는 열망! 불타는 욕망으로 대법원에 서류를 제출하다! 그리고 그것을 이정표로 삼는다.

> 오바마는 성소수자(LGBT) 권리 확장을 그의 국내 정책 의제의 공식 마크로 만들었다. **성소수자 권리 확장을 시민 권리 운동의 다음 장으로 배정**하였다. 대통령은 자신의 행정 권위로 성적 취향과 성별 정체성과 이 미국인들을 위한 연방정부의 혜택과 보호를 확장할 공적 논의를 다시 구성하는 언어를 구사했다(「워싱턴 포스트」, 2015. 3. 6.).

아! 혼돈의 먹구름이 걷잡을 수 없이 퍼져나간다.

정상이 아닌 '성소수자 권리 확장'을 국내 정책 의제의 공식마크로 만든다!

나라의 정책이 되려면 최소한 정상이라야 하지 않을까?

그런 비정상의 일, 병든 과제를 어떻게 내세울 수 있단 말이냐?

그는 젊은이들에게 해로운 방식을 널리널리 퍼뜨리려 한다. 긴급한 국내 의제들이 쌓여 있으련만…예를 들어 어떻게 집 없이 길거리를 헤매는 사람들에게(미국에 너무 많은 홈리스들이 있다. 엄청난 세금으로 충분히 홈리스가 없도록 정책을 펼 수 있을 것이다) 집을 지원할 수 있을까?

어떻게 배고픈 아이들이(너무 많은 아이들이 굶주리고 있다) 없도록 만들까?

어떻게 가난한 사람이 잘 살 수 있도록 (빈부의 격차가 너무 심하다) 정책을 펼 수 있을까?

또는 어떻게 바른 법을 시행할 수 있는가 등등 중요하고 시급한 의제들이 산적해 있으련만….

나는 때때로 법이 선한 사람을 범죄자로 만드는 것을 보았다. 얼마 전 어느 여인이 단지 굶주린 노숙자(홈리스)에게 음식을 주었다는 이유 때문에 교도소에 수감되어야 했다. 어처구니없다. 이런 법은 바르지 않은 것이다.

배고픈 홈리스에게 음식을 주었다.

이런 일은 칭찬할 만한 선한 행동 아닌가?

이런 법은 즉시 개정이 필요하겠다. 여러 중요한 과제를 제치고 소위 '동성 결혼'이 중심 이슈로 자리 잡고 'LGBT(성소수자)의 권리 확장'이 임기 말년을 향하는 오바마 정부의 긴급 과제로 부상했다. 놀랍게도 '성소수자의 권리 확장'을 '시민 권리 운동'의 다음 장으로 설정하는 혼동의 행진곡이 온통 탁한 소리를 내며 연주되고 있다.

"꾸와당 쫘앙 꾸와당…"

이 불협화음의 혼탁한 연주가 한국에도 번져나가고 온 세계 여러 나라에 퍼져 나간다. 또한 세계에 퍼져 나가도록 더욱 볼륨을 높인다. 정상이 아닌 LGBT는 아마 공식의제가 될 수 없을 것이며, 그런 비정상의 권리 확장은 시민 권리 확장이 아닌, 시민 권리 파괴로 보인다.

왜냐하면 성소수자 행위들은 육체를 병들게 하고 생명을 파괴하는데, 그런 해로운 행위들을 장려하고 확장시키는 것이기 때문이다. 인간 존재와 생명을 헤치고 위태롭게 만드는 행위는 그것이 무엇이든 심각한 **인권 파괴다!**

성소수자의 권리 확장은 분명히 **시민 권리의 파괴다.** 그 이유는 **비정상**

을 키우면 정상은 그만큼 약해지기 때문이다. 대통령이 한 말에 이루 말할 수 없는 혼잡을 느낀다. 그리고 그가 너무 혼동해 시급한 과제들을 처리하지 못하는 것 같다. 이런 업무 추진은 비뚤어진 사고와 욕망을 암시할 수 있다.

그가 뒤틀리고 **잔인하고 왜곡된 삶의 방식을 우리 인간 생활에서 마치 정상인 것처럼 포장해 놓으려 한다.** 하지만 아무리 정상인 것처럼 포장을 꾸며 놓아도 포장은 어디까지나 포장일 뿐이다. 그럴싸한 포장지가 내용물 자체를 바꾸어 주지 않는다.

LGBT, 다시 말해 레즈비언(여성 동성애자), 게이(남성 동성애자), 바이섹슈얼(양성애자), 트랜스젠더즈(성전환자) 등은 **정상이 아니다.** 미워해서가 아니다. 그것은 확실히 돌연변이처럼 비정상이다. 그는 성소수자를 정상으로 수용하라고 강압할 수 없다. 왜냐하면 그것들은 정말로 정상이 아니기 때문이다. 그리고 비정상이라는 것은 도저히 돌이켜 용서받을 수 없게 나쁘다는 의미가 아니다. **오히려 이 단어는 정상이 아니라는 말이며 정상인 것과 똑같이 간주하지 말아야 함을 뜻한다.**

비정상의 일(abnormal thing)은 정상의 전체에 단지 적은 부분일 수 있다. 비정상을 정상이라고 강요할 수 없으며, 그것은 전체 정상의 세계 내에 극히 작은 일부로 남아야겠다. 만일 누군가가 어떤 비정상적인 것을 정상의 세계 내에 확장하려 애쓴다면 그것은 재앙이다. 본체가 붕괴된다.

만일 그대가 '결혼'이 주는 혜택을 원한다면, 정확히 '결혼'이라는 방법으로 하면 된다! 하지만 소위 동성 결혼을 택했다면, 결혼과 동일한 혜택을 기대하지 말아야 할 것인데, 그것은 불공평이 아니라 공평이다. '동성 결합'을 선택한 사람은 결혼의 혜택을 누리려 할 수 없다.

그렇지 않은가?

무서운 충격이다!

'LGBT 권리 확장'을 시민 권리 운동의 다음 장으로 배정하는 것은 어이없는 충격이다. 왜냐하면 성소수자를 아무 문제없는 정상으로 간주하기 때문이다. 그래서 '사람들이 성소수자 되기'를 홍보하고 지원하면서, 또한 사람들이 '**해로운 LGBT에 머물러 있으라**'고 제시하는 것이기 때문이다. 건강하고 바람직한 삶으로 이끄는 대신, 그는 젊은이들에게 해악한 생활 방식을 몹시 권장한다.

그는 '젊은이들이 그처럼 유해한 성소수자로서 영원히 거기 머물러 있으라'(오바마는 종교기관의 성소수자 선도 교육을 금지시킴)고 탕탕 못을 박으면서, 다시는 돌아올 수 없도록 되돌아오는 길을 막아 버렸다! 그리고 '그곳에 영영 가두어 버렸다.'

이보다 더욱 잔악한 일이 있으랴! 정말 끔찍하고 잔인하다!

어쩌다 실수해서 성소수자 행위를 했으면, 다시 돌이켜 행복한 자연적 생활로 되돌아올 생각조차 하지 말라고, 그냥 거기 머물러 있으라고…다시 돌아올 수 있는 길을 영원히 막아버린다. 악한 인간이요 악랄한 처사다!

이것은 성서에 나오는 '가증하고 죄된 행위들을 철저히 보장'하면서, **인간을 타락하도록 법으로 만들고 파멸로 유도하는 사탄의 작전이요** 비인간적 처사다. 이 나라를 포함해 기독교 정신이 바탕인 서구를 멸망시키려는 작전이다.

"그들이 무엇을 하느냐?"

"그들이 누구인가?"

그렇다면 그들은 누구인가?

"그들이 우리의 적군인가?"

그렇게 생각하지 않는다.

하지만 "그들은 누구인가?"

"그들이 적군의 친구인가?"

"아마 그럴지도…"

그들은 정말로 우리의 적일지도 모른다. 아니면 자신도 모르게 적이 되었을 것이다. LGBT(성소수자) 권리 확장은 가정, 공동체, 사회 속에 질병, 파괴, 갈등, 분열, 부조화를 끝없이 조성하면서 일으킨다.

사람 몸에 치명적 질병을 일으키고, 생명을 단축시키며, 이 땅에서 인류의 생명을 종식시키는 삶의 방식을 우리 사회에 법으로 확고히 보장해 뿌리내리도록 함으로써, 가정과 나라와 온 인류에 해로운 영향을 이루 말할 수 없이 파급하기 때문이다. 사실 나라에 해롭고 비정상이며 부도덕한 생활 방식은 축소시키는 것이 훨씬 좋다.

정부에서 국민을 건강하고 번성하게 만드는 행동 방식을 지원함이 당연하고 잘하는 것임은 두말할 필요 없다.

도덕적으로 바르고 육체적으로 건강하며 인류가 번영하게 되는 방식은 전폭적으로 지원함이 마땅하다.

반면에 비도덕적이고, 우리 몸을 오용하거나 학대해 병들게 하면서, 인위적으로 인간 존재를 훼손하는 생활 방식, 다시 말해 인간 생명이 형성되지 못하도록 차단하는 동성애나 성전환자처럼 무모하고 해로운 생활 양식을 금지함은 너무 당연하다. 성전환자에게는 궁극적 결과나 부작용도 따를 것이다.

이처럼 자연스러운 인간 존재를 억지로 파손하고 인위적으로 조작하는 방식에 위험이 따를 수 있다. 그 위험은 외부적으로 뿐만 아니라 내부적으로 생길 수 있다.

또는 장기적으로 숨겨진 부작용과 위험이 따를 수도 있다. 정부는 국민에게 무모한 성전환자의 삶을 장려할 수 없으며 해서도 안 된다. 해로운 동성애도 그렇다. 정부가 진정 국민을 생각한다면, 자연을 파괴하는 비정상의 해로운 성소수자 생활 방식을 절대로 장려하고 양성할 수 없을 것이다.
그렇지 않은가?
하지만 **그는 거꾸로 진행한다.**

> 오바마 행정부가 나라 전체에 동성 결혼을 공식적으로 지원한다
> (「씨엔엔」, 2015. 3. 6.).

이런 글을 자주 볼 수 있는 것이 곤혹스럽다.
무언가 크게 잘못 돌아가고 있다. 비정상이다!
무언가 상당히 불안정하다. 어이없게도 인간종말을 가져올 행위들을 속히 이 나라에 정착시키고 싶어한다. 기독교와 서구를 멸망시키려는 작전임이 분명해 보인다. 그는 몹시 비정상을 갈망한다! 하지만 우리 모두는 "소위 동성 결혼은 정말 결혼이 아니다!"라고 사실 그대로 말할 수 있다. 우리는 진실 그대로 말할 자유와 권리가 있다!
우리에게 대한민국 사람들에게 거짓말하라고 강요하지 말라!
혼란한 사회에서 우리는 "**결혼의 신성함과 소중함**"을 끝까지 수호해야 하리라. 그것이 "**나라뿐만 아니라 인류가 하나님의 창조질서를 존중하면서 생육하고 번성하는 길이다.**" 그것이 진정 나라를 위한 길, 온 세계와 인류를 사랑하는 길이다.
소위 동성 결혼은 합법화 될 수 없다고 정직하게 말하자!
학교교육이나 사업장 등에서 동성 결혼을 확산시키려 그가 거대한 노력을 쏟는 것은 기가 막히고 아이러니하다! 대통령이 어찌하여 국민이

병들고 죽어가는 삶의 방식을 열망한단 말이냐?
　하지만 우리 모두는 **나라와 인류 번영을 위해, '해로운 생활 방식'을** 거부할 수 있다. 해로운 동성애는 결코 합법화 될 수 없다고 강력히 반대할 권리가 있다. 지도자가 우리를 병들게 할 때 결코 그냥 당할 수 없다. 국가라는 큰 배가 방향을 잃고 기우뚱 거린다. 매우 깊숙한 암흑의 골짜기를 향해 강압적으로 밀려가고 있다. 비통스러운 이야기들이 들려온다.

5. 사업과 직업 정황에서

　하늘이 온통 시커멓다. 태양은 어디로 사라졌는가?
　비통에 잠기게 하는 가슴 아픈 이야기들이 사람들의 마음을 울린다. 우리 대한민국도 이런 어처구니 없는 사건들이 터지지 않도록 깨어 잘못된 사고를 강력히 거절해야 할 때다. 이미 서울시에서 그런 징조들을 보이고 있다.
　많은 국민들의 반대와 깨어있는 교회와 교인들의 거센 항의와 비난에도 불구하고 박원순 서울시장의 허락아래 진행된 소위 '퀴어 축제'는 미국에서 일어난 사건들의 전주곡이 될 수 있다.
　시민들에게 혐오감을 주고 어린이들에게 잘못된 가치관을 심어줄 수 있는 거의 나체의 부끄러운 광란이다.
　그런 낯 뜨거운 행사를 어떻게 서울시가 허락할 수 있단 말이냐?
　많은 시민과 단체와 기독교 단체가 반대하는 대로 서울시는 풍기 문란한 이런 행사를 절대로 허락하지 말아야 할 것이다. 건강한 시민 정서와 자녀 교육을 위해 허락해서는 안 된다.

버락 후세인 오바마의 극도로 잘못된 정책 강요에 따라야 할 이유가 없다. 의식 있는 세계 지도자들은 오바마의 동성애 열망을 비판한다. 오바마가 동성 결혼 합법화를 한국에 요구한다고 해서(여성 대법관 루스 긴즈버그[Ruth Ginsburg]를 파견했다. 긴즈버그는 미국 동성애 합법화에 찬성한 인물이다. 한국에서 성소수자 합법화를 위해 양승태 대법원장과 김소영 대법관을 만났다. 또한 동성 결혼 합법화의 영향력을 키우기 위해 김조광수를 만나 축하했다. 또 2016년 2월에는 미국 역사상 전무하게 비정상으로 소위 성소수자 인권 특사 랜디 베리[Randy Berry]를 파견하여 성소수자와 관련자를 초청, 세력을 조성했으며, 여기에 한국기독교협의회 부총무 목사가 교회들의 입장과 달리 기독교로서는 유일하게 참석한 것이 알려져 맹비난받았다), 잘못되고 왜곡된 판단이나 민족을 성적 타락과 멸망으로 이끄는 그릇된 방식을 수용해야 할 이유는 전혀 없겠다.

오바마의 비정상적인 요청을 명확히 거절해야겠다.

그래서 성적인 부도덕과 민족의 몰락을 막아야 하지 않겠는가?

인간에게 해롭고 성서가 죄라고 선언한 행위를 전폭 지원하고 부추기면서 나라와 민족을 파멸시키는 그의 불건전한 정책을 혹독히 비판해야 할 것 아닌가?

그는 이슬람 국가가 아닌 나라들을 향해 동성 결혼 합법화를 강력히 요구한다. 결국 이슬람 국가 아닌 나라들을 약화시키는 것이다. 동성애와 성소수자를 통해 기독교와 여러 나라를 몰락시키는 셈이다. 서울시는 나라와 국민을 파괴하는 '퀴어 축제'를 금지함이 마땅하다.

우리 한국을 아시아에서 '동성애라는 죄악의 본거지'로 만드는 그런 행사를 절대로 승인해서는 안 된다!

한국과 세계 여러 나라들이 미혹 당하고 있다. 젊은이들이 유혹 당하고 있다. 이기주의적이고 사려 깊지 못한 잘못된 지도자들이 젊은이들을 병들게 하면서 미혹하고 있다. 그런 엄청난 잘못을 돌이키라!

21세기에 버락 후세인 오바마로 인해 신앙과 윤리의 나라 미국이 큰 암흑과 혼란에 빠져 있다.

> 게이 커플을 위한 웨딩케이크 만들기를 거절한 콜로라도 제과점 주인에게 판사가 최후통첩을 보냈다. **게이 결혼식 서비스를 제공하든가 아니면 벌금을 내라.** 행정법 판사 로버트 N. 스펜스(Robert N. Spence)는 금요일 콜로라도 주 덴버에 있는 명작 케이크 가게의 잭 필립스(Jack Phillips)가 작년에 29세의 데이비드 물린즈와 33세의 찰리 크레이그를 자기 가게에서 거절했을 때 법을 위반했다는 것을 발견했다. 기록된 판결에서 스펜스 판사는 필립스가 게이 커플에게 차별을 멈추든지 아니면 벌금형을 받으라고 명령했다. 또한 판사는 인종, 성별, 결혼 상태, 성적 취향에 근거한 서비스의 차별을 금하는 콜로라도 주의 법을 인용했다…(「에이비씨 뉴스」, 2013. 12. 7.).

동성 결혼 케이크!

동성 결혼 케이크가 무엇인가?

도대체 왜 이 케이크를 만들라고 그처럼 강요해야 하는가?

아마 어떤 사정으로 다른 케이크 만들기를 거절했다면 이처럼 강압적인 판결을 하지 않았을 것이다.

이런 강제적인 판결이 어찌 민주주의 나라에서 나올 수 있단 말이냐?

도무지 이해하기 어렵다. 비도덕적, 비신앙적 행동을 강압하면서, 벌금을 물리거나 교도소에 보내고 제과점을 폐쇄하겠다고 위협한다!

21세기에 이런 비민주적, 비상식적 판결이 어떻게 나올 수 있는가?

어떻게 이런 판결을 내리는가?

비이성적이고, 인정머리 없으며, 위험하고, 편파적이요, 악한 판결이다. 시민에게 절망 속에서 그 자신의 꿈이나 목적과는 전혀 거리가 먼 뒤틀린 일을 하도록 탄압하는 판결…판사가 시민에게 왜곡된 행동에 참여하도록 강제한다.

부당하지 않은가?

그야말로 정상적인 시민에게 비뚤어진 생활을 하라고 강요한다. 고상한 꿈을 지닌 성실한 기독교인에게 성서의 가르침에 반하는 행동을 하라고 몰아 부친다.

판사가 거꾸로 한다!

판사는 비정상의 해로운 행위들을 벌하고 정상의 착한 행동들을 격려해야 하는데 판결을 거꾸로 내린다. 착한 행위를 벌하고 해악한 행위를 포상한다. **세상이 이상하게 돌아간다.**

벼락 후세인 오바마 집권 이후 **공공연히 악이 선보다 더 높여진다.** 시민에게 부도덕한 일을 강제하는 것은 불공평하다. 더욱이 개인의 신앙과 양심의 자유를 침해하는 것은 헌법 위반이다. 이 세상 누구라도 우리에게 동성 결혼에 대해 강요할 수 없다. 이 세상 아무도 우리에게 소위 동성 결혼을 꼭 지지하라고 강압할 수 없다. 왜냐하면 소위 **동성애는 성서에 나오는 가증한 죄악이다. 성적인 부도덕이다. 동성애는 인간 육체를 헤치고, 인간 존속을 위협하며, 자연에 위배된다. 또한 거짓되고 비윤리적이다.** 고귀한 인간 생명의 형성과 탄생을 지워버리는 **악한 범죄**이기 때문이다.

누구라도 이처럼 나쁜 '동성 결혼'을 시인하라고 압력을 가해서는 안 된다는 것이 분명하다.

선한 일도 꼭 하라고 강요할 수 없을 터인데, 하물며 유해하고 인간 생명을 파멸시키는 악한 행위는 더 더욱 강요할 수 없겠다.

우리에게 매우 해로운 행위에 찬성하라고 강요하지 말라! 우리에게 신앙의 관점에서 죄가 되는 해롭고 부도덕한 서비스를 제공하라고 강압하지 말라! 그대들은 이런 비정상을 결코 강요할 수 없는 것이다.

더욱이 고객이 주인에게 억지로

"어느 특정 케이크나 빵을 만들도록 떼를 쓴다."

그 자체도 모순이다. 이유는 간단하다.

"어떤 종류의 빵을 만들고 또한 팔 것인가?"

그 선택은 고객이 아니라 주인이 하기 때문이다.

"동성 결혼 케이크를 꼭 만들어요. 왜 안 만드는 거야?"

"꼭 팔아야 해요. 왜 안 팔아?"

이처럼 불평할 수 있을까?

고객은 그 종류를 추천할 수 있겠지만, 그 이상은 아니다. 고객이나 판사가 아닌, 주인이 판매 품목(케이크, 빵 종류)을 결정하기 때문이다.

민주주의에서 각 개인은 신앙과 양심의 자유를 지닌다.

왜곡된 가치관을 거절할 자유가 있다. 우리는 경건한 신앙을 지킬 권리가 있다. 우리는 양심을 지킬 자유가 있다. 또한 의지와 선택의 자유가 있다. 권리가 있다. 우리는 높은 이상과 고상한 꿈을 지닐 권리가 있다. 우리는 하나님을 향해 꿈을 꾸면서 매일매일 우리의 일터에서 거룩한 생활을 실천할 수 있는 자유와 권리가 충분히 있다.

민주주의에서 개인이 지닌 보다 높은 이상과 고상한 도덕성과 거룩한 종교는 침해될 수 없는 것이다. 이것들을 공격하고 탄압하는 행위는 악한 것이고 불법이다.

우리는 21세기 민주주의 시대에 산다. 대통령은 독재자가 아니다. 대통령과 판사는 윤리를 배반하고 죄(sin)된 행동을 하라고 결코 강압할 수 없다.

> 가족이 소유하고 있는 제과점에 동성 커플을 위한 웨딩케이크를 만들라는 명령이 내려졌다. 또한 그의 제과점 직원에게 콜로라도의 반-차별법에 대한 포괄적 훈련을 받으라는 명령이 떨어졌다. 이 명령은 기독교인 빵가게 주인이 동성 커플을 위한 웨딩케이크 만들기를 거절함으로써 법을 어겼다고 주의 시민 권리 위원회가 결정을 내린 다음 나온 것이었다. 콜로라도 주 레이크 우드의 '명작 제과점' 주인 잭 필립스에게 제과점 운영 정책을 즉시 바꾸라는 것과 그의 직원들을 강제로 훈련기간에 참석시키라는 지시가 내려졌다. 그리고 다음 2년 동안 필립스는 성적-취향에 근거해 고객들을 거절하지 않았음을 확언하기 위해 분기마다 보고서를 위원회에 제출해야 한다…(「곽스 뉴스 닷컴」, 2014. 6. 3.).

어느 군대에서 지휘관이 케이크를 만들라고 명령한 사건인가? 그런 사건처럼 보인다.
공산주의나 독재주의 국가에서 벌어진 사건일까?
이처럼 강압적이고 편파적인 판결이 자유의 나라 미국에서 일어났음을 어떻게 설명할 수 있을까?
민주주의 국가에서 불가능한 명령이 떨어졌다.
얼마나 오싹하고 소름끼치는 현실인가?
얼마나 상식을 벗어난 어이없는 상황인가. 사탄이 휘두르는 악의 뿔

이 하나님의 선을 제압하려 공격하면서 기승을 부리고 있다.

"너희 도덕성을 버려라! 바른 가치관을 버려!"

"기독교 신앙을 버려! 하나님의 말씀을 무시해!"

"신앙과 양심을 버려라. 비신앙, 부도덕과 타협해"

"성적 쾌락을 따르라. 세속적으로 살라…"

"성서가 말하는 거룩한 삶을 살 생각조차 버려! 그냥 무질서하게 살아…."

사탄이 소리 지른다. 악한 권력이 기독교 정신으로 운영하기 원하는 주인에게 강제로 바른 가치관과 도덕성을 무너뜨리기 시작한다. 강제로 신앙을 허물기 시작한다. 성서가 금하는 동성 결혼 케이크를 만들지 않으면 벌금을 물리고 교도소에 보내거나 사업을 못하게 하겠다고 협박한다.

'잭은 사지(limb)에 나갔으며 이에 맞섰다. 그리고 정부의 요구에 항복하지 않았다.'

이 나라에서 벌어지는 일들에 매우 놀랐다! 전혀 상상하지 못할 일들이 일어나고 있었다. 나는 그것을 잘 알지 못했다. 그리고 내가 소위 동성 결혼을 둘러싸고 벌어지는 일들을 알게 되었을 때, 큰 충격을 받았다. 슬픔과 분노도 느꼈다.

나는 항상 단순히 미국은 세계적으로 비교 불가능한 최고의 민주주의 국가라고 믿었다. 하지만 지금은 아니다. 케냐인 무슬림이 생부이고 인도인 무슬림 아버지와 함께 어린 시절을 인도에서 이슬람 전통의 가정과 교육 환경 아래 자란 오바마 ("4성 제독 오바마를 혹평하다…"[4-Star Admiral Slams Obama…], 「유튜브」, "오바마의 편지 '나의 무슬림 전통,'" Islamic Research Foundation International, Inc., 오바마의 친부, 계부, 사촌뿐만 아니라 오바마 자신도 무슬림이지만, 대통령 경선때는 자신이 기독교인이며 전혀 무슬림이 아니라고

했다)로 인해 민주주의가 상당히 후퇴하였다.

그는 대통령이 되자 **백악관의 전통 깊은 "국가 기도의 날"**을 폐지하고 무슬림 금식월 라마단에 백악관에서 공적인 축하메시지를 보냈다. 이제 반기독교적이고 친이슬람적인 행위가 공공연히 행해지기 시작한 것이다. 버락 후세인 오바마로 인해 나라와 함께 민주주의와 윤리가 심각하게 쇠퇴하고 있다. 나라가 여러 면에 피해를 당하고 있다. 비윤리가 더욱 윤리이고, 비정상이 더욱 정상인 것 마냥, 윤리적이고 어진 사람들이 부당하게 박해를 당한다. 그는 권력을 남용하고 있다.

성실한 시민을 고통스럽게 만든다. 모범적인 시민이나 기독교인인 시민을 비정상의 시민이나 비기독교인으로 변질시키려 애쓴다. 민족의 번성을 가로막는 생활 방식을 드높인다.

하나님의 법을 정면으로 어기는 '생활 방식'을 나라의 법으로 확정해 뿌리 깊이 심어 놓고자 한다. 민족의 몰락을 부추기고 있다. 창조주 하나님에 대한 정면 반역이고 모독이다. 결국 미국을 윤리적으로 신앙적으로 파괴하면서 실질적으로 타락시키고 완전히 몰락시키는 방향으로 진행한다. 한국과 세계 여러 나라에 부도덕한 삶을 살도록 부추기면서 붕괴로 이끈다. 그는 종교적, 도덕적, 문화적, 경제적, 정치적, 군사적으로 가장 선진국 미국이라는 나라를 추하게 타락시키고 끌어내리고 있다.

이슬람의 권익을 위해 힘쓰면서, 어찌하든 기독교를 탄압하며, 소위 동성 결혼을 내세워 자신이 싫어하는 기독교를 미국의 적으로 간주하기도 한다. 어이없이 악하다. 그는 기독교인에게 경건한 신앙과 가치관을 포기하라고 탄압한다. 독재 국가에서 악한 권력이 착한 행동을 짓밟는다. 선한 사람이 강포한 권력에게 박해를 당한다.

하지만 미국에서, 더욱이 21세기에, 어떻게 이런 일들이 일어 날 수 있다는 말이냐?

민주주의 사회에서 개인은 무슨 일을 할지 스스로 생각하고 판단해 결정할 자유와 권리가 있다. 그 누구도 불필요한(의무가 아닌) 비정상의 일들을 하라고 우리에게 강요할 수 없는 것이다. 필수적인 무엇(의무)이라면 법으로 강요할 수 있겠다.

하지만 어떤 불필요한 비정상의 일을 하라고 명령할 수 없다. 그렇지 않은가?

동성 결혼은 필수(의무)가 아닌 선택이다! 그러므로 그는 우리에게 선택 사항을 마치 의무처럼 강요할 수 없는 것이다. 선택인 것은 우리에게 선택으로 남아야 하기 때문이다.

선택적인 대상은 강압을 받지 않고, 누구나 자유롭게 선택할 수 있어야 하기 때문이다. 그것을 선택하느냐 마느냐는 전적으로 개인의 자유로운 의지에 달렸다. 각 개인은 원하는 건전한 행위를 선택하고, 싫은 불건전한 행위를 거절할 자유가 있다. 이 자유는 강압 받지 않을 것이다.

여기서 핵심질문은 소위 '동성 결혼'과 '차별금지법'의 성격에 관해서다.

"동성 결혼 케이크 판매를 거절한 제과점 주인이 정말로 차별금지법을 어긴 것일까?"

아마 콜로라도 법에 '모든 제과점이 동성 결혼 케이크를 만들라'고 되어있을 것 같지 않다.

그런 법은 있을 수 없다.

동성 결혼 케이크를 만들지 않겠다는 것이 어떻게 차별금지법 위반이라는 말이냐?

그는 정말 차별금지법을 위반했을까?

"아니다!"

우리는 그렇게 생각하지 않는다.

"**빵 굽는 사람은 특정 종류의 케이크를 만들지 않을 수 있다.**"

즉 동성 결혼 케이크를 만들지 않을 자유가 있다. 다시 말해 자신이 추구하는 목적과 꿈에 따라 거절할 수 있다. 신앙과 양심에 따라 거절할 수 있다. 또한 경영방침과 자유의지에 따라 거절할 수 있다. 그 자신의 상황과 판단에 따라 자유로이 거절할 수 있다. 주인은 어떤 일에 직면해 그에 따른 상황과 판단을 자유롭게 할 수 있는 것이다. 그는 그런 부류의 케이크 만들기를 거절했다.

그것이 차별인가?

"아니다!"

주인은 '어떤 종류'를 팔지 않을 자유와 권리가 충분히 있다고 생각한다. 주인은 상품 선택의 자유가 있다. 강조하자면 주인은 '어떤 품목은 팔고, 반면에 어떤 품목은 안 팔지에 대해 결정할 자유와 권리가 충분히 있다.'

아마 수백 종류가 넘을 모든 빵이나 케이크를 다 만들 수 없을 것이다! 주인은 기계가 아닌 사람이며 생각하고 판단한다. 한 제과점에서 모든 빵을 팔 수 없으므로 정책에 따라 종류가 제한된 빵을 만들게 된다. 그는 노예가 아니다. 그래서 필수적이지 않은 어떤 행위를 강요당할 이유가 없는 것이다.

그렇지 않은가?

아마 수백, 수천 가지가 넘을 빵 중에서 선별하게 되며, 자신이 "**만들기로 선택한 빵만을 구울 수 있다.**" 그에게 동성 결혼 케이크를 강요하는 것은 부당한데, 그가 만들기를 원치 않기 때문이다. 이유는 간단하다.

그 케이크는 제과점에서 팔려는 품목이 아니다.

그리고 제과점 주인이 어떤 비정상적인 일을 하지 않는 이상(오히려 동성 결혼 케이크가 비정상으로 보임), 그의 정책을 존중해야함은 두 말할 필요 없겠다.

판사가 반드시 크림빵을 팔아야 한다고 명령할 수 있나?

그렇게 할 수 없지 않은가?

그것은 판사의 영역이 아님이 분명해 보인다. 판사나 고객은 어떤 빵을 꼭 판매하라고 요구할 수 없기 때문이다. 주인은 '판매하기 좋은 부류를 선택할 자유와 권리'가 충분히 있다.

민주주의에서 법원이나 행정부가 어느 품목을 꼭 팔라고 강요할 근거나 이유가 있는가?

아니다, 없다!

주인은 투자를 통해 사업을 시작했을 때부터 이미 상품 선택권을 지닌 것이다. 이것은 신발가게 주인이 가게에서 판매할 신발 종류를 결정할 수 있는 자유와 비슷하겠다. 그렇다면 주인에게 억지로 요구하지 말고 이 가게에서는 지금 만들어 파는 케이크를 구입하라. 여기서 팔지 않는 종류를 사려면 다른 곳으로 가면된다.

불평조차 할 이유가 없겠다.

노란 셔츠만을 취급하는 가게에 들어가 분홍 셔츠를 구입할 수 없다. 분홍 셔츠를 사려면, 당연히 분홍 셔츠를 진열해 놓고 파는 가게로 가야 함이 기본이다.

그렇지 않은가?

그곳에 가면 된다. 그리고 중요한 것은 노란 셔츠 가게에 들어가서 주인에게 "분홍 셔츠를 반드시 팔라!"강요 할 수 없다.

"왜 분홍 셔츠를 팔지 않느냐? 꼭 팔아야 한다!"

"분홍 셔츠를 꼭 팔라! 아니면 막대한 벌금을 물리고 가게 문을 닫게 하거나 교도소에 보내겠다."

노란 셔츠만을 파는 가게에 이처럼 명령한다면, 이성을 잃은 처사 아닌가?

명백한 자유와 권리의 침해다. 여기는 노란 셔츠가게이고 주인은 분홍 셔츠를 취급하지 않는다.

그것이 문제 되는가?

노란 셔츠만을 팔려는 것이 '차별금지법 위반'일까?

동성 결혼 케이크를 살려면 미리 잘 준비해 놓거나 그 케이크 주문을 환영하는 곳에 가라.

그것을 팔지 않는 가게에 와서 굳이 꼭 만들라고 떼 쓸 이유가 없지 않은가? 그럴 권리나 있나….

주인은 사업을 시작할 때 '숭고한 꿈과 이상의 씨앗'을 심어 놓았으며, 그런 기초 위에서 경영할 권리가 충분히 있다. 그리고 민주주의 사회에서 그가 기업에 심어놓은 '숭고한 비전과 꿈'을 어느 세력이나 권력이 짓 밟을 수 없음이 분명하다. 만일 짓 밟는 다면, 불법이며 폭력이다. 만일 누군가 비정상(예를 들어 성소수자 같은 것)을 위해, 주인의 성스럽고 아름다운 꿈을 파괴시킨다면, 자유의 나라에서 그것은 분명 법 위반이다.

그렇지 않은가?

신앙에 기초해 진실하게 제과점을 운영하려는 주인의 정책과 권리를 아무도 박탈할 수 없는 것이다.

고객은 원하는 빵이 없을 때, '다른 가게로 가라.'

그것이 일반상식(common sense)이다. 시민 위원회도 판사도 어느 누구도 특정 케이크를 팔라거나 말라고 결정할 권리는 없다. 더욱이 민주주의에서 개인이 싫어하는 행위를 강제하는 것은 심각한 자유와 권리의 침해다.

민주주의에서 개인은 자유를 누린다.

대한민국에서도 미국에서도 개인은 자유를 누린다. 누구나 불필요한 일, 하기 싫어하는 특정 행동을 강요당할 수 없다. 공산주의도 아닌 민주주의에서 "개인의 건전한 자유와 의지는 압살될 수 없는 것이다."

"제과점 주인은 가게 정책을 즉시 바꾸고, 직원들을 훈련기간에 강제로 참석시키며, 다음 2년 동안 분기마다 보고서를 제출해 확언해야 한다."

이것은 편파적 지시 아닌가?

기독교 신앙을 조직적으로 파괴하려는 판결로 보인다.

21세기 미국에서 어떻게 이런 무지막지한 판결이 나올 수 있다는 말이냐?

동성 결혼 케이크가 마치 중요한 근본 법칙인 것처럼 사업 전체를 지배하도록 만드는 것은 엄청난 독단이요 위법 아닌가?

즉시 경영 정책을 바꾸며 강제로 직원 훈련을 받고, 이에 더하여 다음 2년 동안 분기마다 보고서를 제출해 '동성 결혼 케이크를 꼬박 꼬박 잘 만들었다'고 확증하란다. 지독하게 한 쪽으로 치우친 판결! 크리스천의 신앙을 완전히 고문하고 있다(다른 제과점, 꽃가게 등에서도 이런 일이 일어나고 있다. 오리건 주의 스위트 케이크 제과점은 레즈비언 커플에게 웨딩케이크를 거절해 $ 135,000 이상을 지불하고 이 일에 대해 함구령[gag order]도 받았다. 결국 가게를 닫아야 했다).

이런 이야기는 믿을 수 없을 정도로 충격적이다.

그들은 동성 결혼, 즉 필수적인 것(의무)도 아니고, 나아가 사람에게 아주 해로운 일을 일방적으로 지원하기 위해 성실하고 모범적인 시민을

짓밟는다. 개인의 자유와 인권을 침해한다. 자유로운 생각과 삶을 압살한다. 신앙의 자유를 침해하면서 기독교 신앙을 모독한다. 윤리와 양심의 자유마저 박탈한다. 경영의 자유와 권리도 침해한다. 그들은 완전히 정상인의 균형을 잃었다. 제 정신이 아니다. 건전한 판단력을 상실했으며, 일반 상식마저 저버렸다! 에이즈를 불러오는 동성 결혼이 판결의 근본 척도가 되어 버렸다.

그들은 비정상, 부도덕, 비종교성을 억지로 강제하면서, 개인의 자유와 판단, 신앙과 이상을 부수어 버렸다.

그것은 불법이다!

오늘날 결코 일어날 수 없는 일 아닌가?

이런 강포한 판결을 세계와 모든 민주주의, 모든 기독교는 간과할 수 없을 것이다.

그것은 개인의 자유와 권리에 대한 부당한 탄압이며 기독교 신앙에 대한 불공평한 탄압이다.

어떻게 주위원회가 부도덕한 행위(동성 결혼은 해롭고 왜곡된 것임)**를 높이면서, 성실한 시민의 자유를 압살하는가?**

부당하다! 지나치게 편향되다.

어떻게 위원회가 주인이 원치 않는 케이크를 꼭 팔라고 위협하나?

의원회가 특정 옷을 꼭 팔라고 강요하는가?

옷 가게에서 어떤 종류를 팔든 안 팔든 그들이 간섭할 사항이 아니지 않은가?

위원회는 특정 디자인을 팔라고 강압 할 수 없다. 예를 들어 '통이 넓은 바지,' '새의 디자인을 한 진갈색 셔츠,' 또는 '동성 결혼을 위한 옷'을 판매하라고 강압할 수 없음이 분명하다.

진갈색 셔츠를, 하얀색 블라우스를, 아니면 분홍 바지를 선택할지 안할지를 위원회나 재판관이 아닌, 상점 주인이 결정하는 것이기 때문이다.

어떻게 위원회가 "분홍 셔츠를 꼭 팔라." 강압하고, 어떻게 판사가 "분홍 옷, 커다란 가구, 빨간 꽃을 꼭 판매하라"고 강제할 수 있나?

확실히 판사가 화가들에게 어떤 그림을 "반드시 그리라"고 명령할 할 수 없다는 것이 분명하지 않은가?

화가는 상상력과 자유로운 의지에 따라 그리고 싶은 그림을 마음껏 그린다!

아무도 강제 할 수 없다. 민주주의 나라에서 '오직 화가 자신이 무엇을 그릴까를 생각하고 결정한다' 강조하여 제과점에 크림빵이든 동성 결혼 케이크든, **세부 품목을 만들라고 행정기관은 강압할 수 없겠다.** 주인은 경건한 신앙, 기술과 선택, 꿈과 이상, 상상력과 비전, 자유와 의지, 목적에 따라 자유롭게 멋진 케이크를 마음껏 만든다.

그는 사업이라는 토양에 믿음과 꿈의 씨앗을 뿌려 놓았다. 그가 케이크를 만들 때 뿌린 씨앗의 열매를 이루고 거두는 것이다. 그리고 아무도 그의 비전을 가로챌 수 없음이 분명하다.

그렇지 않은가?

국가는 민감한 양심으로 살아가는 시민들이 기쁨, 행복, 자유 속에 살도록 격려하고 지원해야 할 책임이 있겠다. 좋은 사람은 나라로부터 좋은 대우를 받고 악한 사람은 제재를 받음이 마땅하기 때문이다.

버락 후세인 오바마의 노선을 따라 동성 커플을 극도로 두둔한 판결은 성실한 시민을 부도덕하게 만들고자 한다. 신앙인을 비신앙의 삶으로 재형성시키고자 한다.

왜곡된 가치관이 바른 가치관을 공격했다.

비정상의 행위가 정상의 행위를 압살한다.

비자연이 자연을 탄압한다.

비뚤어진 생활 방식이 올바른 생활 방식을 제압한다.

위원회가 감히 인간 생명을 완벽하게 제거하는 일에 연루되라고 주장해도 되는가?

그들이 감히 성서가 경고한 무서운 죄를 신자에게 반드시 하라고 강제해도 되는가?

어떻게 감히 부도덕한 일, 가증스러운 죄에 관련된 행위를 의무처럼 하라고 협박한다는 말이냐?

의무도 아닌데 해악한 행위를 강제하는 것은 위법 아닌가?

판사가 어떻게 조각가에게 '특정 유형'을 꼭 조각하라고 강압할 수 있나?

조각가가 어떤 종류를 만들던, 그것은 조각가 자신의 창의력과 상상력과 꿈에 달리지 않았는가?

판사가 동성 결혼을 조각하라고 명할 수 없지 않은가?

예술가가 무엇을 그리거나 조각할지는 그의 자유로운 상상력과 의지에 달렸음이 분명하기 때문이다.

정부가 사진사에게 레즈비언 결혼사진을 꼭 찍으라고 협박할 수 있나?

"사진사가 결혼식장에 가서 사진을 찍을지 안 찍을지는 전적으로 사진사 자신의 자유와 판단에 달렸다."

그것은 사진사의 고유한 권한임이 분명하지 않은가?

6. 교육에서의 정황

'교육은 백년지 대계'라고 널리 알려져 있다. 현재 이루어지는 교육은 백년 앞을 내다보아야 한다는 말이다. 현재 진행되는 교육이 백년 후의 미래를 가져온다. 한국과 미국이 발전하려면 100년 앞의 미래를 내다보고 큰 계획을 세워야 하며 참되고 바른 교육을 시행함이 매우 중요하다. 바른 윤리와 사고를 지니며, 언어 개념이나 사실 판단도 오류가 없도록 신중과 정확을 기해야 할 것이다. 잘못된 개념이나 거짓 판단에 기초한 교육은 개인뿐 아니라 나라의 100년을 망치기 때문이다.

요즈음 사회생활과 교육 현장에서조차 잘못된 생각이나 판단이 난무하고 있다. 한 예로 소위 동성 결혼과 동성 결혼의 합법화를 요구하면서 주장하는 내용들이 그렇다. 이에 대해 약간 살펴보자.

어떤 사람이 스스로 '차별되는 행동을 함으로써' 그에 따라 일어나는 차별은 우리가 흔히 부르는 '차별'이 아닐 것이다. 한국이나 미국에서 많은 사람들이 착각하는 것 같다. 동성 결혼 반대가 차별이라고 착각한다. 하지만 소위 동성 결혼 합법화는 차별 문제의 해결이 아니다. 정말 문제는 동성 결혼 그 자체에 있다.

> 첫째, 그들은 성소수자인 자신들이나 자녀들이 차별을 겪는다고 생각하거나 걱정하는 듯하다.
> 둘째, 만일 동성 결혼이 합법화된다면 그런 차별이 해결될 것이라고 말한다.

하지만 첫 번째 경우 솔직히 질문해 보자.

성소수자라고 자청하는 그들은 많은 정상적인 사람들과는 달리 자신들 스스로가 그처럼 비정상의 생활 방식을 택한 것이 아닌가?

그런 부자연스럽고 별스러운 삶을 선택한 사람들은 그처럼 되기를 선택한 것이다. 하지만 다른 사람들에게 그런 삶을 시인하라고 강요할 필요는 없다. 동성 가족의 자녀들은 누구이던가?

아이들이 정말 자연적인 자녀인가?

아마 입양했을 아이들은 '피와 살을 나눈 아들이나 딸'은 아니다. 부부가 아기를 낳을 소중한 권리를 포기했기 때문에, 아이를 염려한다는 표현이 좀 어설프다. 잠시 생각해 보자. 진정 자녀에게 관심을 두었더라면 말이다.

진정 자녀에게 깊은 관심이 있었다면, 그처럼 쉽게 자녀 출생을 포기할 수 있는 것일까?

다시 말해 동성애자들은 우주 속에서 인간 존속(후손)에 전혀 무책임하다. 그리고 단지 현재의 쾌락만을 즐기려 하고 있다. 그들은 '해산의 고통' 없이 행복과 쾌락을 원하는 것 같다. '임신과 해산의 고통'을 원치 않는다. 하지만 아이들을 양육하는 어떤 즐거움을 체험해 보고 싶어 한다.

두 번째 경우 즉 '동성 결혼이 합법화되면 차별이 해결된다'는 것은 단순히 환영이다. 차별로 보이는 상태는 '동성 결혼이 불법'이기 때문에 생기지 않았고, 오히려 그들이 '차별화되기로 선택한 삶의 방식'으로 인해 생긴 것이다. 즉 그들은 다른 사람과 **차별되는 부자연스러운 방식으로 생활하기를 선택한 것이다!** 게이나 레즈비언은 스스로 동성 가족이기를 선택한 사람들이다. 그런데 이 가족은 정말 결혼으로 성립된 가족과 명확히 다르다. 자녀로 입양된 아이들은 아마 '별난 형태의 가족'에 산다는 느낌을 받을 수 있다. 사실 동성 결혼 합법화에 관계없이, 아이들은 별난 가족 안에서 별난 체험을 한다.

가정에서 남자를 '엄마'라 부를 때, 아이들은 엄마는 본래 여자여야 함을 알 것이다. 또는 그들이 한 가정에 '두 아빠'를 볼 때, 그것이 이상하다는 것을 볼 것이다. 아이들의 마음에 질문이 생길 수 있다.

"왜 나는 남자를 엄마라고 불러야 하나?"

"왜 내게는 아빠만 둘인가?"

"왜 나에게는 자연적인 진짜 엄마나 아빠가 없을까?"

"나도 다른 친구처럼 엄마와 아빠가 있으면 얼마나 좋을까?"

아주 어린 나이부터 가정에서 무엇을 배울 수 있을까?

무언가 진실하지 못한 것을 배운다. 한 가정에 '엄마와 아빠' 모두 있어야 정상이다. 하지만 엄마가 없거나 아빠가 없는 처음부터 불완전한 가정, '두 아빠' 또는 '두 엄마'만 있는 가정…그런 결손 가정에서 아이들은 자기 가족이 일반 가족과 다르며 자기 부모의 진짜 자식이 아니라는 것을 배운다. '두 엄마' 또는 '두 아빠'는 아이를 낳을 수 없음이 분명하기 때문이다.

"나는 왜 '두 엄마'만 있어야 하나…?"

"나는 왜 '두 아빠'만 있어야 할까?"

문제가 있고 이상하지 않은가?

상상해 보라. 그대가 집에 들어왔을 때 '부모인 두 남자'가 기다리고 있다. 만일 부모 중 한 사람 즉 '여자처럼 차려입은 남자'를 본다면 그대는 정서적으로 상처를 입지 않을 수 있을는지…그래도 아무렇지도 않을 수 있을까?

만일 내가 집에 갔을 때 부모처럼 흉내 내면서 행동하는 '두 아빠'(두 남자)를 바라볼 것을 상상하기란 곤욕이다. 혼란스럽고 이상한 기분을 느끼리. 남자가 엄마(여자) 흉내를 내느라 하는 행동은 엄마 (여자)가 정말로 하는 행동이 아니다.

그것은 마치 **극장에서 펼쳐지는 공연** 같을 것이다. 두 남자가 드라마에서 연기를 한다. 그리고 이 가족은 전통적인 가족과 다르다. 드라마 제목은 "이상한 가족"이다. 여기에는 정직성과 진실성과 완전성이 모자라는데, 이런 것이 아이들에게 불완전하게 성장하거나 비정상적으로 행동하도록 부정적인 영향을 미칠 수 있다. 아이들은 다른 가족들과 비교해, 어떤 부자연스러운 형태의 가족을 발견하기 때문이다. 부모는 아이들에게 중요한 교사다.

"날아라 새들아 푸른 하늘을, 달려라 냇물아 푸른 들판을…."

꿈을 먹는 어린이 교육은 부모에게서 시작된다. 자녀들은 가정에서 보는 대로 배우면서 자라게 되기 때문이다. 늘 함께 대화하고 행동을 보여주는 부모는 자녀들에게 의미 깊은 교사다. 부모는 자녀가 닮아야 하는 모델 역할을 은연중에 보여주고 있는 것이다.

그런데 자녀들은 부모와 혈연으로 맺어지지 않았음을 안다. 그리고 자신들의 가족이 보통 가족과 상당히 다른 형태임을 아는데, 그 때문에 차별을 느낄 수 있다. 동성 가족에 대한 차별은 실제로 소위 '동성 결혼 그 자체'에 원인이 있다. 불행히도, 동성 부부와 자녀들은 정상적인 가족의 부부와 자녀들과 다르다. 그리고 그런 이유로 더욱 차별을 느낄 것이다. 비정상적인 동성 결혼의 심각한 후유증은 아이들에게까지 대를 이어 전해진다. 그리고 아이들이 자라서 성인이 된 다음에는 또 그 다음 세대 자녀들에게까지 영향을 미치게 된다.

그런데 이런 부류의 차별은 주의 '**게이 결혼 금지법**'(gay marriage ban)으로 인해 생긴 것이 아니다. 소위 동성 결혼 그 자체로 인해 생겼다. 달리말해 소위 동성 결혼이라는 별다른 생활 때문에 별다른 차별이 나타

난다. 동성 부부 가족에는 또한 불가피하게 비진실성이 포함된다.

그러므로 '동성 결혼 합법화'가 그런 차별을 없애주지 않으며, 오히려 동성 결혼의 별다른 요소들을 마치 정상인 듯 확고히 뿌리내리게 함으로써, 차별적 성격을 더욱 커지게 만든다! 동성 결혼의 합법화는 왜곡된 생활 방식을 확언하면서 차별 모습을 더욱 명확히 강화한다. 결국 우리사회에 기괴한 것을 굳건히 세워 놓음으로써 더욱 많은 갈등과 분열을 조성하고 혼란을 초래한다.

소위 '동성 결혼'이라는 '괴이한 정취'(ethos)를 나라 전체에 정착시키려는 노력에 거듭 충격을 받는다. 주의 **'동성 결혼 금지법'**을 해제하라고 압력을 가하면서, 정상적인 가족을 붕괴시킨다. 정말로 무서운 것은 그들이 공립학교에서도 동성 결혼을 수업시간에 가르치게 만든다는 사실이다.

이 나라 공립학교에서 학생들과 아주 나이어린 유치원 원아들마저도 동성애 교육에 노출되어 있다는 것은 얼마나 가슴 아프고 통탄할 일이냐. 얼마나 오싹한 일인가?

순수한 아이들이 강제적으로 매우 어린 나이부터 해악한 동성 결혼이 정상인 듯 배우도록 강요당하는 지경까지 이르렀다.

사탄의 작전에 말려든 자들이 이성을 잃고 치우쳐서 미쳐가고 있지 않은가?

사태가 심각하다. 어린이들에게 매우 해롭다.

그것은 잘못된 어린이 교육을 통해 사탄이 신앙의 나라 미국과 한국과 나아가 세계 인류를 파괴하려는 전초 작전임에 틀림없다!

악마들이 하나님의 말씀과 창조질서를 거역하는 생활 방법을 유치원 아이 때부터 주입시키고자 기를 쓴다! 그리하여 건국 초기부터 하나님을 의지하는 신앙의 나라를 무너뜨리려는 것이다.

…매사추세츠 주의 공립학교에서 유치원 원생처럼 어린아이들에게 동성 결혼에 대해 가르친다. 부모들은 반대할 법적 권리가 없다…(「폴리티 팩트」, 2011. 2. 2.).

나라를 붕괴시키려고 '지옥의 문 회의'에서 결정한 사탄의 작전이 정말 성공하는 것일까?

신앙의 나라에서 아주 어린이 때부터 비정상, 반자연적, 비신앙적 동성애를 가르친다. 부도덕하고 해로운 행위를 가르친다.

하나님을 배반하고 인류를 타락의 늪으로 추락시키는 삶의 방식을 옹호하면서 가르친다.

하늘에 시커먼 연기가 솟아 온 하늘을 캄캄하게 휘감듯이 위기감이 감돈다. 무언가 큰 잘못이 일어나고 있다. 그리고 이런 잘못이 더욱 커지고 파괴적인 폭우를 퍼부으려는 먹장구름처럼 퍼져 나간다.

"아니오!"(NO!)

이제 우리는 모두 잘못된 방식들을 향해 "아니오!"라고 분명히 외쳐야 할 시점에 서 있다. 악마가 어린이와 젊은이들을 죄의 포로로 만들기 전에 우리에게는 강력하게 이 **흉악한 세력을 패배시켜야 할 책임이 주어졌다.**

공립학교에서 유치원생에게 동성 결혼을 가르친다고?

정신이 어지럽다.

도대체 왜, 무엇 때문에, 유치원생이 해롭고 왜곡된 동성 결혼을 배워야 한단 말이냐?

제정신이 아닌 것 같다. 정신과 혼을 잃어버린 사람들이 되었다.

어린이들에게 '동성애의 그물'을 던지는 것인가?

그물을 던져 물고기를 잡듯, 유치원 어린이들을 포획해 게이로 만들기를 바라는가…한탄스럽고 원통하다.

오호, 통재라, 통재로다!

해로운 동성 결혼을 '이상'으로 삼아 따르라고 미혹의 그물을 던진다. 어린이에게 동성애 교육을 하는 것은 '불순하고 유해한 가스'로 빈 공간을 채우는 것과 흡사하다. 순수한 물이 아닌 '혼탁하고 독이 섞인 물'로 빈 그릇을 채우는 것이다. 상당히 위태롭다.

왜 유치원생들이 동성애를 배워야 한단 말이냐?

왜 유해한 동성애를 가르친단 말이냐?

거기 교육 목적이 있을 수 있나…

왜 어린이를 동성애화하려는 것인가?

어린이 마음에 동성애 씨앗을 뿌린다. 가정과 나라와 인류를 붕괴시키려는 악마의 음모가 기를 쓰고 진행 중이다. 기독교 전통을 가진 미국과 서구를 몰락시키려는 악한 정책이 필사적이다.

그들은 우리의 적인가?

>…매사추세츠 공립학교에서 유치원생처럼 어린 아동들에게 동성 결혼에 대해 가르친다. 학부모들은 법적으로 반대할 권리가 없다…. 학부모들은 동성애가 부도덕하고 또한 결혼은 오직 한 남성과 한 여성의 거룩한 연합이라는 종교적 믿음을 지니고 있다고 말했다. 그들은 학교 관리들이 그들의 자녀들에게 동성 결혼이 도덕적이라는 믿음을 주입하려고 한다고 증언했다.
>
>2007년 매사추세츠 주 지방 법원은 학부모들의 주장을 기각하면서 가르치는 내용이 부모들의 종교적 믿음과 대립될지라도 공립

학교가 가르치는 내용을 학부모가 제한할 권리가 없다고 했다. 학부모들은 첫 번째 미국의 순회 항소법원에 항소하였다. 그러나 패했다. 항소법원은 기록했다.

"여기서 공식화된 커리큘럼이 학생들에게 동성 결혼을 확언시키는 많은 책을 읽으라고 요구한다는 진술이 없다. 선생님이 책 1권이나 또는 3권을 읽고 또한 비록 어리고 깊은 인상을 받는 아이들이라 해도 주입한다는 말은 성립되지 않는다"(「폴리티팩트」, 2011. 2. 2.).

어린아이들에게 아름다운 꿈을 심어주고 건강하게 자라도록 정상적인 교육을 시켜야 한다.

도대체 해악한 동성 결혼을 왜 공립학교에서 가르친단 말이냐?

어떻게 이런 혼동과 실수를 하는가…

비정상이 정상을 가장하고, 추하고 악하고 죽음을 일으키는 것이 참되고 선하고 생명을 일으키는 것을 파괴하면서 마구 잠입해 오고 있다.

이 나라에서 도대체 어떻게 이런 비상식적인 일들이 벌어지고 있단 말이냐?

어처구니없는 이런 일들이 어찌 일어나는가?

공립학교가 인간 존재를 파괴하는 생활을 가르친다. 자연질서를 파괴한다. 도덕성과 신앙심을 무너뜨린다. 그러므로 부모들은 **오랜 역사 속에 새겨진 '결혼의 의미'**를 바르게 방어한다. 즉 **'결혼은 한 남성과 한 여성의 거룩한 연합'**이다.

학부모들은 어린 자녀들에게 무슨 일이 일어나는 지를 눈치 챘다. 공립학교에서 "동성 결혼이 도덕적이라는 신뢰를 주입시키고 있다."

아! 정말로 큰일이다. 너무 잘못되었다.

이것은 오염된 공기나 물을 아기 몸 위에 붓는 것과 같다. 면역성이 약한 아기는 아주 조금만 부어도 **오염되어 병들 것이다**. 신성한 교육의 현장 학교에서 순수한 물과 공기를 박탈하면서, 동성애라는 오염된 방식을 어린아이들에게 가르치고 형성시키려 한다. 천진한 어린아이들에게 하나님의 창조를 거역하며 인간을 파괴하는 생활 방식을 가르친다.

어린이들은 '부드러운 토양' 같아서 무엇이든 심을 수 있다. 거기에 게이 가족 씨를 심으면, 게이 열매가 맺히리. 또는 달리 말해 어린이들은 '백지'(tabula rasa)와 같아 무엇이든 쉽게 그릴 수 있다. 그러므로 아동들에게 무엇을 가르치고 가르치지 말아야 할지에 관해 교육부는 아주 신중해야겠다. 이해 안 되는 것은 법원이 내린 판결이다.

"가르치는 내용이 부모들의 종교적 믿음과 대립될지라도 공립학교가 가르치는 것을 학부모가 반대할 권리가 없다."

"선생님이 책 1권이나 3권을 읽고 또한 비록 아이들이 나이가 어리고 깊은 인상을 받는다 해도 주입한다는 말은 성립되지 않는다…"

동성 결혼을 종교적 믿음의 이슈로만 제한하려 한다.

어떻게 그처럼 간단히 이해한단 말이냐?

동성 결혼의 내용과 실제를 다각적으로 검토해야 하는 것 아니냐?

동성애는 또한 '인간 육체와 생명에 직접 관계되는 의학적이고 과학적인 이슈'다. 하나님이 지으신 인간 육체를 의도적으로 파괴하고, 병들게 하며, 인류를 멸절시키는 현실적인 악과 범죄에 관한 문제다. 그리고 **진실성**(truthfulness), **성실성**(faithfulness), **정직성**(honesty)**에 대한 문제인데, 이것들은 교육을 받쳐주는 기둥들이다**. 그것은 또한 실재(reality)와 그림자(shadow), 진품과 모조품, 진리와 거짓에 대한 이슈다. 더욱 의미를 넓혀 동성 결혼은 정상적인 것과 비정상적인 것에 대한 문제이다. 도덕성과 비도덕성, 신앙적인 것과 비신앙적인 것, 자연적인 것과 비자연적 것에 관한 이슈다.

또한 중대하게 의미를 확장시켜 소위 동성 결혼은 "인간과 자연 생태계를 직접 파괴하는 위협"에 대한 이슈다. 하나님의 창조법칙과 그 창조법의 부분인 자연법칙에 반역해, 인간 생태계와 자연 생태계를 무너뜨리는 매우 파괴적인 위협에 관한 문제다. 비록 동물들이라도 멸종을 피하기 위해 동성 결합을 이루어 생활하는 것은 허락되지 않는다. 동물들도 본능적으로 동성끼리 결합해 가정을 이루지 않는다. 이것은 엄정한 사실이다!

소위 동성 결혼은 **나라의 국민과 세계 인류를 지구와 우주에서 영원히 종식시키는 위기에 관련된 급박한** 이슈다.

국민이 번성하느냐?

아니면 쇠멸하느냐?

자연 속에 인류가 생존하느냐?

아니면 사멸하느냐?

하나님의 법칙을 따라 인간이 땅 위에서 생육하고 번성하느냐?

아니면 창조주를 반역하면서 쇠퇴하고 전멸하느냐?

학부모는 자녀 보호에 으뜸 책임이 있다. 그래서 자녀에게 해가될 때 당연히 거부할 권리가 있는 것이다. 만일 '공립학교가 비정상, 비자연, 몸에 해롭고, 파괴적인 방식을 가르친다면, 학부모는 거부해야 한다.' 부모는 어린 자녀에게 생명 파괴적 행위를 가르치는 교육을 거절할 수밖에 없다.

자녀들이 위태로워지는데 그냥 있을 부모가 있는가…

해악한 교육 환경에 자녀를 그냥 버려둘 수 있는가?

아니다! 부모는 해악한 교육을 금지시켜야 한다. 아니면 내 자녀가 죽기 때문이다. 자녀를 보호하고 지켜야 한다. 자녀의 생명과 안전을 지키는 것은 하나님이 부모에게 위임한 일차 책임이다. 또한 자녀를 위험에서 구하려는 것이 부모의 본능이요 사랑이다. 더 나아가 교육부는 '동성 결혼'처럼 비자연적, 비도덕적, 유해한 방식을 마치 도덕적인 듯이 포장하여 학교에서 가르치도록 허락해서는 결코 안 된다.

공립학교는 질병을 일으키고, '인간 멸종'을 부르는 동성애 교육을 시행할 수 없다! 공립학교가 '도덕성'(morality), '진실성'(truthfulness), '인간 생명 보호'(protection of human life)라는 기초 위에서 교육 과정을 수립해야 함은 두말할 여지없이 분명하기 때문이다. 학교는 교육 내용에 양심적으로 매우 민감해야 할 것이다.

학교는 순수한 어린이들에게 "어떻게 괴상하고 해로운 삶을 살 것인가"를 가르칠 필요가 전혀 없다.

그렇지 않은가?

아이들은 쉽게 레즈비언 흉내를 낼 수 있다. 비록 단 한 번 또는 두세 번 배웠어도 학교에서 배웠으므로 좋은 것으로 잘못 알고 흉내 내면서 따라갈 수 있다. 교육부가 인격을 형성시키는 교육의 현장 학교에서 교과 과정을 매우 신중히 선택해야 함은 아무리 강조해도 지나치지 않는다. 왜냐하면 **교육 내용이 인간을 형성하기 때문이다.**

어린이들과 학생들은 배우는 그 내용대로 그런 사람이 될 것이다.

잘못 이끄는 교육은 개인의 삶을 불행하게 만들고, 가족과 사회와 나라를 병들게 하며, 나아가 전 세계와 인류를 타락과 몰락으로 이끈다.

> 2008년 지역 학교를 차별하는 지구를 고소하려고 베델고등학교 발레 조의 제시라는 레즈비언 학생이 미국시민자유연합에 가입

한 이후, 지구의 관리들은 해결책의 일환으로 초등학교부터 동성 결혼 가족을 묘사하는 영화를 보여주고 묘사하는 과제를 주는 데 동의했다. 그러나…공동체의 종교 지도자들과 12명이 넘는 학부모는 학교위원회를 공격하면서 자신들의 권리가 침해되었다고 주장하였다…전문가들은 무엇이 공립학교 교육 과정의 내용이 되어야 하고 무엇이 되지 말아야 하는지에 관한 투쟁이 방금 시작되었다고 제시한다(「뉴욕 타임스」, 2011. 3. 11.).

교육 현장에서 도무지 상식적으로 받아드릴 수 없는 이상한 일이 벌어지고 있었다. 그런데 의회나 지도자들은 왜 이런 상태를 지적하고 바로잡아주지 않을까?

위의 내용은 교육 방향이 전적으로 잘못되어 흔들리고 있음을 보여준다. 만일 레즈비언 한 명의 소리가 그처럼 중요하다면, **12명이 넘는 부모의 음성은 얼마나 더 중요해야 할까…**

12명이 넘는 부모들의 소리가 단 한 명의 레즈비언보다 **12배 이상 중요해야 함은** 자명하지 않은가?

올바른 다수의 학부모들의 소리와 권리는 어디로 갔단 말이냐?

관리들은 비정상의 레즈비언 한 명을 지원하면서 심각한 불균형과 불법을 초래했다. 소위 동성 결혼! 이것은 공립학교의 교육 과정이 될 수 없다고 생각한다. **왜냐하면 사람에게 해로운 비자연적, 비정상의 생활을 절대로 바르다고 가르칠 수 없기 때문이다. 부도덕하고 비의학적이며 비과학적이다. 비성서적이다. 천륜과 인륜에서 벗어났다.**

전혀 어긋난 방향으로 이끌리면서 공립학교 어린이들은 지금 동성 결혼을 억지로 공부하도록 강요당한다. 승객을 실은 열차가 '칙칙폭폭'

소리를 내며 절벽을 향해 달려가듯, 멸망의 낭떠러지기를 향해 기적을 울리며 달려가는 교육! 교육이 얼마나 뒤틀리고 위험한 길로 접어들었는가. 인류 파괴의 레일로 달려간다. 교육이라는 기차가 완전히 방향을 상실하고 절벽을 향해 달려가기 시작하고 있다. 멈추어라! 방향을 바꾸어야 사람이 산다!

> 1월 1일에 캘리포니아 주 교육부는 주 공립학교에서 모든 아동에게 '레즈비언, 게이, 양성애자, 성전환자(성소수자) 미국인들'이 '캘리포니아와 미국의 발전'에 기여한 '역할과 공헌'을 공부하도록 요구하는 새로운 법을 시행하였다. 친 가족 그룹의 세이브 켈리포니아 닷컴에 따르면, 이 법은 학교에 '레즈비언, 게이, 양성애자, 성전환자(성소수자) 미국인들'을 모델 역할로 증진하도록 요구할 것이며, 또한 유치원생 같은 아주 어린 아동에게 동성애에 참여한 사람들을 찬탄하도록 가르치는 것이 의무화 된다
> (「씨엔에스 뉴스」, 2012. 1. 4.).

캘리포니아 교육 현장에 날벼락이 내려쳤다.
누가 이 벼락을 내렸는가…
벼락은 건물을 파괴하고 사람을 감전시켜 죽일 수 있다.
소돔과 고모라의 죄, 인간을 파괴하는 생활 양식을 찬탄하도록 가르친다는 것이 말이 되느냐?
도대체 어떻게 이런 결정을 할 수 있을까?
사리판단에 너무 어긋난다. 너무 어이없다.
대한민국도 동성애에 대해 잘못 판단하고 선동하는 일부 극소수의 지

도자들이 있는데, 그릇된 사태의 심각성을 깨닫고 속히 돌이켜야 가정과 나라가 산다.

비이성적인 판단으로 비자연적인 해로운 삶의 방식을 교육함이 도대체 가당한가?

어떻게 교육부가 비정상의 왜곡된 삶을 가르친단 말이냐?

레즈비언, 게이, 양성애자, 성전환자(LGBT, 성소수자)…이들은 모두 정상이 아닌데, 어떻게 이런 비정상인의 공헌만을 편협하게 억지로 찾아 공부하고 찬탄하도록 강제한단 말이냐?

결국 감수성이 여린 어린이들에게 성소수자가 되라고 모델을 제시하면서 공부시키는 셈이다.

도대체 선량한 어린이들이 왜 비정상의 성소수자를 모델로 삼고 찬탄해야 하나?

아! 충격적, 비극적, 개탄할 정황이 벌어 졌다. 교육이라는 기차가 인류 파괴를 향해 깃발을 들고 행진하면서 나섰다. 소돔과 고모라로 우리의 어린아이들을 몰아가기 시작하고 있다. 아이들을 멸망의 구렁텅이에 집어넣으려 한다. 교육이 아주 나쁘고, 전혀 거꾸로 되었으며, 완전히 편파적이다. 교육부는 완전히 진실성과 도덕성과 균형성을 상실했다. 교육의 목표마저 위반했다.

교육부가 '사람을 병들게 하고, 자연과 인간 생태계를 파괴하는 해악한 생활 양식을 모델로 따르라고 추켜세운다. 하나님의 창조법과 자연법에 반역하는 양식'을 교육하면서, '좋은 모범이라고 찬탄하도록' 의무화시킨다!

정상적인 판단에서 심각한 이탈이다. 윤리와 사실에 대한 도전으로 거짓이다. 성서에 대한 모독이요 완전 부인으로 사악하다! 사탄이 요구하는 대로 거짓과 파괴를 교육시킨다, 해롭고 나쁜 행위들을 좋다고 가르친다. 교육의 신성함과 고귀함이 사라지고 추악한 형태로 변질되어 가고 있다.

상식을 초월한 어이없는 일들이 벌어진다. 미국뿐만 아니라 나아가 한국과 전 세계 나라들을 소돔과 고모라처럼 음탕하고 타락한 생활 속으로 몰고 들어가려는 악마의 세력이 득실거린다. 썩은 냄새를 풍기는 음침한 타락의 바람이 교육의 현장에도 거세게 몰아치고 있다. 한국과 미국, 세계 여러 나라와 인류가 위험하다.

버락 후세인 오바마 행정부 아래 소위 동성 결혼, 성소수자(LGBT)가 도를 넘어 뒷받침을 받고 있다. 성실한 국민들, 부모들, 기독교인들을 탄압하면서까지 비정상의 성소수자를 편향적으로 지원한다. 버락 후세인 오바마로 인해 미국이 신앙, 도덕, 철학, 교육, 국방, 전통, 외교, 안전, 번성에 있어 비정상으로 변해가면서 큰 위기들을 겪고 있다.

그가 왜 도를 넘어 LGBT를 양성하는가?

왜 무섭도록 국방비를 삭감(「팍스」, 2016. 4. 1. 오바마는 상상을 초월하는 국방비 대폭 삭감으로 미국군대와 국방력을 위기에 처하게 했다)하는가?

왜 ISIS를 지원하면서(매우 충격적이지만 오바마는 ISIS를 무장 훈련시키고, 장비와 재정을 지원해왔다. "ISIS를 운영하는 오바마"[Obama caught running ISIS], 「유튜브」 등을 보라), ISIS의 21세기 인간-대학살과 기독교인-대학살을 관용하고 묵인하여 그들의 기독교인-대학살에 일면 편승해 왔을까.

왜 무슬림 형제단 등의 이슬람 테러 세력을 지원할까?

어찌하여 신앙과 윤리의 나라, 선진국의 표상 미국을 타락한 비정상의 추악하고 타락한 나라로 계속 변질시키려고 끈질기고 부단하게 애쓰고 있는 걸까?

오바마가 미국 내 모든 학교에 '성전환자 화장실 지시'를 내리자 2016년 5월 25일 11개 주가 연합해 고소했다(고소한 주는 텍사스, 앨라배마, 위스콘신, 웨스트 버지니아, 테네시, 애리조나, 메인, 오클라호마, 루이지애나, 유타, 조지아 주다. 강제로 '성전환자 화장실 지시'를 내리고, 거절하면 일상적으로 지급하는 막대한 연방 교육 지원금을 중단한다는 비이성적 압력을 가하고 있다. 성전환자가 우선이며, 수많은 학생들은 교육에 피해를 당하라는 것이다.).

어찌하여 오바마는 한국에 소위 동성 결혼 합법화와 더불어 말도 안 되는 차별금지법 제정을 자꾸 요구하는가?

그는 한국인과 미국인, 세계 인류 (이슬람 국가 제외)의 타락과 몰락을 기대하는 것일까?

이슬람 국가가 아닌 서구 등 다른 나라의 몰락을 그토록 갈망하나….

"아니다…."

"설마…그렇게 생각하지 않는다."

"아마도…."

하지만 그는 왜 파괴적이고 해로운 삶의 방식 '게이,' '레즈비언,' '양성애자,' '성전환자'(성소수자)를 그처럼 열렬히 추켜세우고 양성하며, 나라의 지도자로 발탁해 세우면서까지, 또 학교에서 교육시키면서까지 안달인가.

왜 성소수자를 내세워 기독교 신앙을 범죄시하고 탄압하면서 교회를 증오할까?

그는 왜 자연과 인간을 나쁘게 변형시키는 일에 발 벗고 앞장서는가?

하나님의 창조를 파괴하고, 창조법을 깨뜨리는 비정상을 온몸으로 추진해 그릇된 방향으로 사회를 이끌고 있다. 자연 생태계를 어지럽히고 해로운 생활 방식, 성서에서 죄로 선언한 '성소수자 씨앗'을 신성한 학교에서 찬탄하면서 어린이들의 여린 마음에 강제로 뿌린다!

"하나님 어찌하오리까?"

"우리의 희망 어린이들에게 이런 끔찍한 일을 가르치는 자들을 그냥 두지 마소서. 어찌하오리까?"

믿기지 않는 끔찍한 일들이 전개되고 있다.

'성소수자(LGBT)를 본보기로 높일 뿐 아니라 찬탄하도록 교육 시킨다.'

어린이들을 성소수자로 만들려나보다.

언제부터 교육부가 파괴적인 비정상의 삶의 양태를 찬탄하면서 가르쳤단 말이냐?

더욱이 어떻게 여성 동성애자, 남성 동성애자, 양성애자, 성전환자 등이 어린이들에게 본보기가 된다는 말이냐?

왜 교육부는 하필이면 정상적이고 훌륭한 사람들이 아닌 성소수자를 롤모델로 높이는가?

교육부가 LGBT를 롤모델로 세울 수 있다면, **정상의 미국인 가운데 롤모델을 드러내고 높일 만한 사람들은 이루 헤아릴 수 없이 많을 것이다.** 교육 정책은 공평해야 한다. 한편에 치우쳐 불공평하면 안 된다. 그들이 무어라고 높이든 "비정상은 비정상이고, 해로운 것은 해롭다. 비자연은 자연적인 것이 아니다." 그리고 "부도덕한 것은 부도덕하다." 성소수자(LGBT)는 창조질서를 파괴한 비정상 양태로 해롭고 부도덕해서 결코 좋은 모델이 아니다!

오바마 정부는 참다운 교육을 상실하고 있다. 나라와 교육을 병들게 하고 있다. 결국 국가를 병들고 위태롭게 만든다.

'참다운 교육'이라면 인간이 병들고 죽어가는 생활 방식을 좋은 모델이라고 부추기면서 내세울 가능성이 전혀 없기 때문이다.

교육부가 인간의 죽음과 몰살을 부추긴다는 말과 다를 바 없다.

해로운 성소수자를 드높여 교육할 필요가 없음은 너무 명백하지 않은가?

아! 슬프다. 바른 가치관을 상실했다. 버락 후세인 오바마 정부 아래서 교육부는 교육 과정의 기초를 인간 존중에 두지 않았다. 진실과 도덕, 의학과 과학에 기초를 두지 않았다. 미국의 훌륭한 역사와 전통과 정신을 존중하지도 않았다. 창조주 하나님을 향해 정면으로 반역의 길로 접어들었다. 인간의 생명과 존속을 직접 위협하고 파괴하는 길로 접어들었다. 그런 상황은 심각한 교육의 위기, 나라의 위기를 보여준다. 아! 눈물이 난다. 개탄스럽다.

▶ 엑스커션(excursion) ◀
잔인한 전쟁과 악마들의 회의

전쟁이 시작되었다. 지금 한국에서 미국에서 지구 위에서 사상 보기 드문 잔혹한 전쟁이 처절하게 벌어지고 있다. 이 전쟁은 조용하다. 평화 속의 전쟁이다. 그렇지만 근본적으로 세계 인류와 한국인과 미국인을 없애려는 잔악하고 무섭고 치열한 전쟁이다. 적군에 의해 한국인들도 어느 정도 정복당하는 듯이 보인다. 인류와 미국인은 점점 더 정복당하는 듯이 보인다. 그들은 안타깝게도 이 전쟁에서 자기 나라 땅에 태어나 그 곳에 발붙일 어떤 찬스조차 가질 겨를도 없이…사라져 버리고 만다.

사람들이 사라져 가고 있다. 무엇보다 인간 육체가 병들고 인간 생명이 형성되지도 못하게 막는 세력이 버락 후세인 오바마에게서 넘치는 지원을 받아 위세를 떨면서 정상적이고 성실한 사람들을 탄압하고 무너뜨리려 한다. 이것은 나라를 몰락시키는 가장 무섭고 잔인한 방법이다.

만일 이 잔혹한 적을 패배시키지 못한다면, 생명을 잉태한 아름다운 여인도 없고, 아기의 울음소리도 없으며, '엄마가 부르는 자장가'의 노랫소리도 들리지 않을 것이다. 아이들의 힘찬 함성과 노래 소리도 더 이상 들리지 않을 것이요, 궁극적으로 나라만이 아니라 인류의 미래도 없을 것이다.

한국과 미국과 세계 인류가 금세기에 정말 위기에 처해있다. 21세기에 ISIS가 인간 – 대학살, 기독교인-대학살을 공공연히 자행해온 것(오바마는 ISIS를 공격하자는 군과 정부 지도자들의 의견들을 거부하고 오히려 지원, 유엔도 오바마를 따라 이슬람 테러주의자들의 인간 대학살을 거의 방관)과 더불어 이제는 나라와 전 세계 인류의 정상적인 육체와 생존과 존속마저 심각하게 파괴하려는 무시무시한 사탄의 공격이 포화를 열었다.

아가미를 한껏 벌리고 수많은 착한 사람들을 자기편으로 빨아 드리려는 악마들의 전투, 이슬람 교도가 아닌 인류의 멸망과 죽음을 촉구하는 사탄의 전투가 맹렬하다. 나라와 인류를 악마의 파멸에서 지키고 하나님의 나라와 백성으로 남아있기 위해, 선에 속한 사람들의 싸움도 강렬해 진다. 지금은 우리가 하나님의 전신갑주로 만반의 무장을 하고 전투태세를 더욱 강화해 싸워야 할 시점이다.

하나님이 창조한 인간과 세상을 타락과 멸망으로 끌어 내리려는 악마들의 잔악한 공격과 전투가 나라와 전 세계적으로 거세게 포화를 열고 있다. 이 표면상으로는 평화롭지만 악마들의 사악한 전투가 계속되면서, 대한민국과 미국과 모든 세계는 흔들린다.

기독교와 서구 국가와 비이슬람 국가를 파괴하고 하나님을 모독하는 사탄의 왕국으로 만들려는 적군의 공격은 쉴 사이 없이 계속 퍼부어 지는데, 함께 굳게 뭉쳐도 단순 간에 격파하지 못하고 있다. 더욱 비극적인 것은 사람들 대부분이 특히 대학생이나 젊은이들이 공격받고 있다는 사실조차 알지 못한다는 것이다. 사람들은 위장한 적에게 받는 공격으로 패배당하는 현실을 잘 모른다. 비극이다!

사탄은 한국 땅에, 미대륙에 또한 세상 나라에 자신의 왕국을 세우기 위해 '**비밀스러운 군사 작전**'을 세웠다. 하나님에 대해 깊은 신앙이 없는 사람들이나 나라와 인류에 대한 사랑이 없는 사람들이 사탄의 작전을 따를 것이다. 그들은 무엇보다도 나라의 미래에 관해 유의하지 않으면서, 개인만을 위하는 이기주의적 충동과 성적 쾌락을 추구한다. 그들은 먼 미래의 나라와 백성의 운명을 심각하게 숙고하지 않는다.

지옥에서 불길이 활활 타오르고 있다. 그 불길은 꺼지지 않고 강렬히 타오르면서 세상에서 악을 행한 사람들을 화염과 불길로 태우고 있다. 하나님을 믿지 않고 악한 행동을 해서 지옥에 떨어진 사람들은 비명을 지르면서 어두운 불속에서 벌레들 가운데 고통을 당하고 있다(막 9:48-49 참조). 여기 저기 타오르는 암흑의 불길 속에서 극한 비명소리가 울려 퍼진다.

'지옥의 문'에서 사탄이 회의를 소집하였다. 악마들이 모여서 이 땅 위에 모든 나라를 두루 두루 살펴보았다. 모든 나라는 지상에서 각기 독특한 모습을 하고 있었다.

한국에서 교회마다 환하게 빛나는 십자가 불빛들이 악마들에게 겁을 준다. 한국이 환하게 우뚝 서 있다. 모든 나라 중에 무엇보다 **미국은 땅 위에서 하나님의 축복을 받은 나라**로 우뚝 서서 두각을 드러내고 있다. **기독교가 미국 정신의 기초다.** 미국 국기(성조기)에 대한 충성의 맹세 "**하나님 아래 한 나라**"(One Nation Under God)라는 글이 표현하듯이, 미국과 미국 문화는 기독교에 그 근거와 뿌리를 내리고 있다.

미국인들은 **하나님이 우주와 인간을 창조했다**는 성서의 말씀을 그대로 믿고 시인한다.

    태초에 하나님이 천지를 창조하시니라(창 1:1).

우주와 만물의 창조자이시며 전능하신 하나님이 계시다. 그 하나님은 인간의 기구와 제도를 넘어 우주와 만물을 통치하시고 다스리신다!

하나님은 무한하신 능력을 지니신 전능하신 주님이시다. 하나님은 인간을 사랑하신다. 그래서 우리 인간에게 관심을 구체적으로 표현하시고 우리를 구원하기 위해 예수 그리스도를 이 땅에 보내셨다. 예수 그리스도를 믿는 믿음을 통해 인간은 영생(eternal life)을 얻을 수 있다.

> 하나님이 세상을 이처럼 사랑하사 독생자를 주셨으니 이는 그를 믿는 자마다 멸망하지 않고 영생을 얻게 하려 하심이라(요 3:16).

전 세계 기독교인들과 미국인들은 **우주 만물과 우리 생명의 창조주이신 하나님을 높이고 찬양하면서, 하나님을 섬기고 하나님께 영광을 돌린다.**

> 전능하신 하나님의 섭리를 인정하고 그분의 뜻에 복종하며 하나님이 베푸시는 혜택에 감사하면서 겸손하게 그분의 보호하심과 은총을 간청하는 것은 모든 나라의 의무입니다(조지 워싱턴).

건국 정신에서부터 미국은 창조주 하나님을 우주의 모든 만물과 모든 존재 위에 계시는 가장 높은 능력과 최고 영(Spirit)으로 찬양했다. 이 나라 사람들은 온 천하 만물의 주님이신 전능하신 하나님을 섬기고 그분에게 영광을 돌린다. 세상의 모든 나라 가운데 미국은 공적으로 하나님을 최고 통치자로 선포한다,

"하나님 아래 한 나라"

미국은 하나님 아래 있는 나라이다. 나라는 하나님 아래 있으며, 나라

사람들은 하나님의 말씀 아래 있다.

우리 모두 하나님의 법과 능력 아래 있다. 그러므로 하나님은 미국을 세계에서 가장 위대한 나라로 축복해 주셨다. 하나님의 축복 속에 이 나라는 모든 나라 가운데 초강국, 가장 뛰어난 나라가 될 수 있었다.

미국이 세상에서 강력한 초강대국이 된 것은 확실히 하나님을 섬기는 나라를 향해 내려 주신 하나님의 크신 축복이다. 미국 선교사들이 전한 복음을 받아들이고, 이제는 많은 교회들이 지방마다 우뚝우뚝 서 있으며, 밤이면 교회마다 십자가의 불빛이 어두움을 밝히는 우리 대한민국도 축복받은 나라가 되었다.

악마들은 그것을 질투했다.

그래서 십자가가 많이 세워진 나라 대한민국에 대항하기 위해, 지상의 모든 나라 중 하나님의 능력이 구현되어 우뚝 선 나라 미국에 대항하기 위해, 세계의 나라들을 사탄의 왕국으로 만들기 위해 '지옥의 문'에서 회의를 진행하였다. 두목 사탄이 말했다,

"땅 위에 여러 나라가 있는 데, 그 중에 미국은 지상에서 특별히 하나님과 하나님의 능력을 대표하는 나라다. 만일 우리가 땅위에 선과 하나님의 뜻에 반대해 인류를 정복하고 우리 악마들의 왕국을 세우는 승리를 쟁취하려면, 성서의 기초위에 세워진 국가를 먼저 파괴할 필요가 있다."

그런 다음 그들은 서로 심각히 토론하기 시작했다,

"어떻게 하면 땅 위에서 하나님의 축복을 가장 많이 받은 나라 미국을 파괴할 것인가?"

"어떻게 하면 교회가 많이 세워진 한국을 파괴할 것인가?"

그들은 신앙의 나라 미국을 먼저 파괴하고 그런 다음 대한민국을 파괴할 것이다. 그리고 세계의 기독교 국가들과 건강한 나라들 역시 파멸시

키고 지상에 오직 사탄에게 속한 왕국만을 세우기 원한다. 한 악마가 의견을 제시했다.

"동성애 욕망을 미국 땅에 일으키자! 동성애 지도자들을 그 나라 땅으로 보내자…."

"동성 결혼을 옹호하는 학자들, 정치가들, 종교 지도자들을 일으키고 많이 만들자. 미국에서 동성 결혼과 레즈비언 결혼이 널리 유행할 수 있도록 그럴듯한 분위기를 조성하고…동성 결혼이 널리 50개 주에 급속히 퍼지도록 만들자."

"대한민국에도 동성애를 옹호하는 젊은이들과 지도자들, 사람들을 많이 일으키자…."

"그럴 듯한데…그렇다면 미국과 한국은 약해질 거야. 그 나라가 하나님에 대한 신앙심과 도덕성을 상실하고…히히, 점점 우리를 따르는 추해진 모습으로 변질하면서 갈등과 분열 속에 휘말릴 거다. 히히, 한국도 타락하고 분열 속에 휘말릴 거다."

"성서의 기초를 잃어버린 그들은 쇠퇴하면서…50년 이내에 사라질 것이다."

"그러면 우리의 승리가 보장된다! 우리 눈에 가시, 하나님의 나라 미국이 지상에서 사라질 거야…십자가가 많이 서 있는 한국도 타락하면서 미국의 전철을 밟을 것이다. 사라지기 전 우리에게 무릎을 꿇고 절하겠지."

악마들은 '동성애가 좋은 방법'이라고 큰 소리로 떠들었다. 다른 악마들이 이의를 제기했다.

"네가 제시한 말을 잘 알지 못하겠어. 어떻게 동성 결혼이 50년 이내에 미국을 무너뜨릴 수 있을까? 한국을 약화시킬 수 있나?"

"미국과 다른 나라 간에 전쟁을 일으키는 것이 더욱 효과적일 거야. 폭력적인 전쟁이 더욱 효과 있게 미국을 파괴시킬 수 있다. 한국에도 남북한 동족 간에 전쟁을 일으키자. 전쟁은 더욱 분명하게 파괴한다."

"그래, 전쟁을 일으켜야 해. 무력 전쟁을 일으켜 그들을 파멸시키자!"

"전쟁이다! 핵전쟁…핵무기! 핵전쟁을 일으키자!"

악마들은 떠들썩했다. 파괴와 살상을 좋아하는 악마들은 핵무기의 화염 방사능 속에 고통당하며 죽어갈 사람들을 떠올리면서 신바람이 났다. 어깨가 으쓱거리면서 저절로 춤바람이 난다. 어서 속히 핵전쟁을 일으켜라. 한국과 미국과 전 인류를 불바다로 만들고 싶다. 한국도 빨리 동족 간에 피흘리는 전쟁을 일으키도록 하자! 남북이 상호 평화협정을 체결해 전쟁 없는 번영을 추구하지 못하도록 만들라! 남북이 서로 계속 다투고 싸우게 하자!

이 세상의 나라들과 인간들을 파괴하는 것이 전업인 그들은 정말로 신이 났다. 그들은 너무 신바람 나서 춤추면서 함성을 질렀다. 악마들의 들뜬 소리를 듣고 있던 두목 사탄이 대답했다,

"미국인들은 전쟁을 일으키지 않는다. 그들은 평화를 원해. 한국도 평화를 원해. 그래서 우리는 그 나라들을 무너뜨리는 데 새로운 전략을 사용해야 하지. 언급된 대로 동성 결혼이 미국과 한국을 붕괴시키는 데 최상의 전략일 것이다!"

"이렇게 좀 달콤한 먹이를 던지는 것이 현명해. 동성 결혼이라는 미끼가 나라의 백성들을 죽일 것이다. 전 세계 인류를 멸망시킬 것이다."

다른 악마가 즉각 말했다.

"그것 정말로 천재적인 아이디어입니다! 순진한 미국인들…어리석은 미국인들…, 한국인들…, 인간들… 그들은 전쟁이 일어났는지 조차 모를

것입니다. 이 전쟁은 겉으로 보기에 평화스럽고 전쟁이 아닌 것처럼 보이니까요…."

"전쟁은…어리석은 자들의 눈에는 전쟁 아닌 자유나 인권처럼 보이지…멍청이들…전쟁이다! 우리가 너희들을 없애려는 전쟁이야…."

"좋은 아이디어!"

많은 악마들이 기립해서 박수를 치며 환호의 함성을 질렀다.

"야호! 동성애 만세!"

"우리 사탄의 승리, 동성애 만만세!"

오, 얼마나 현명한 계략인가! 악마들은 자신들이 생각한 기발한 아이디어에 스스로 감탄하고 흥분해서 어찌할 줄 몰랐다.

"아! 우리는 정말 너무 똑똑하다니까…."

"우리 악마들은 너무 현명해서 탈이야…."

동성애, 동성 결혼이라…미국인의 수를 줄이고 코리언의 수를 감소시키고 지상의 착한 사람들을 서서히 제거하고 완전히 없애는 데 그보다 더 현명한 전략이 있으랴!

"동성애! 우리 악마에게는 최고의 선물"

"동성 결혼! 하나님을 대항하는 우리 악마들의 최고 무기…."

"동성 결혼! 땅 위에서 인간들을 없애는 가장 정확한 방법…!"

한국인과 미국인 나아가 전 세계 인류를 무너뜨리는 데 이보다 더 정확한 방법이 있으랴….

"동성 결혼! 가장 최고의 전략이다!"

그들은 흥분하고 또 흥분해서 외쳤다. 그러므로 사탄은 아메리카를, 그 다음에는 코리아를 붕괴시키기로 결정하였다. 그리고 이어서 서구의 기독교 나라들과 건강한 나라들을 무너뜨릴 것이다.

악마들은 소위 '동성 결혼'이라는 고도의 전략을 이용해 나라와 온 땅에 전쟁을 일으키기로 결정하였다.

만일 이 전쟁이 성공한다면, 하나님의 선택받은 나라 미국은 힘 없는 나라로 쇠퇴할 것이고, **도덕과 신앙이 타락해 점점 추한 모습으로** 변질할 것이다. 사탄에게 이리 저리 끌려 만신창이가 될 것이다. 그리고 점차 붕괴되어 오래지 않아 땅 위에서 사라질 것이다. 코리아도 타락해 혼돈에 말려들면서 아메리카의 전철을 따를 것이다. 악마들은 들떠서 환호를 질렀다.

"미국의 멸망! 한국의 멸망! 인류의 멸망! 동성 결혼!…"

"우리 악마들의 승리!"

악마들은 몹시 흥분했다.

그리고 미국의 붕괴, 한국의 붕괴, 인류의 멸망을 잔뜩 기대했다.

제2장
소위 동성 결혼

1. 혼동들

　소위 '동성 결혼'(homo-sex marriage, 또는 same-sex marriage)에 대해 너무 많은 혼동이 일어나 번지고 있다. 이 혼동의 늪은 커지고 더 깊어지는 것 같다. 그래서 갈등과 분열의 골이 깊어만 간다. 나라에서 제도, 기관, 교회, 국민 사이에 갈등과 분열이 증폭되고 있다. 왠지 모를 이유로 미국에 동성 결혼을 강압하고 성소수자를 극도로 양성하는 정책을 강력히 펼치는 버락 후세인 오바마와 그의 비위를 맞추려는 사람들이 동성 결혼을 거부하는 기관이나 사람들에게 혹독한 벌금을 물리거나 그들을 교도소에 보낸다.

　부도덕하고 파괴적인 행위를 맹렬히 옹호하고 장려하기 위해 건전하고 정상적인 주나 기관, 사람들을 가혹히 학대한다. 동성 결혼을 거부하는 주에게는 이와 무관하게 의당히 지급해야할 막대한 연방정부 자금 지원(예를 들어 가난한 자를 위한 푸드 스탬프 등)을 중단한다는 등 가지가지로 비이성적인 탄압을 가한다. 오바마 정부는 악마들이 일으킨 심각한 혼란 속에서 방향을 상실 했다. 버락 후세인 오바마가 이끄는 이런 큰 혼동들이 국민들의 신앙과 윤리를 짓밟으면서 깨끗하고 고상한 정신을 가증하고 타락된 삶의 모습으로 변질시키려 하고 있다.

순수한 신앙인들과 교회들은 이런 압력에 굴하지 않고 하나님의 말씀과 창조의 법칙을 지키면서 변질된 성적 욕구를 거절하려고 단호하게 투쟁하고 있다. 하지만 어떤 교회나 지도자는 소위 동성 결혼을 수용하면서 억지로 성경 해석을 끌어 붙인다. 그들은 편안함과 쾌락을 추구하면서 악마의 작전에 걸려들었다.

악마의 정책을 지지하는 한 오바마 행정부로부터 당할 박해는 없을 것이다. 아마 동성 결혼을 성공적으로 퍼뜨렸다는 이유로 버락 후세인 오바마에게서 포상을 받을지 모른다. 동성 결혼을 반대하는 착한 사람들이 무거운 벌금과 박해와 감옥을 생각해야 하는 반면, 악마의 정책에 따르는 자들은 당분간 악마의 비호아래 번영의 길을 가는 것 같다.

동성 결혼에 대해 너무 많은 혼동들이 퍼져있다. 소위 '동성 결혼'에 대한 이런 혼동들은 사람들 사이에서 잦아들게 할 필요가 있다. 이런 대혼동들로 인해 사람들의 눈이 가려져 악마의 세력을 적으로 바라보지 못한다. 이런 혼동들에 대해 밝혀야할 필요가 있다. 사실 '동성 결혼'이라는 용어 자체가 이미 혼동된 단어이며 부적절하게 결합된 단어다. 어떻게 이 용어가 이처럼 혼동된 단어인지를 보여주겠다.

2. 자두는 복숭아가 아니다

'결혼'(marriage)과 '동성 결합'(same-sex union) 사이에 혼동이 일어나서 이 용어들을 잘못 사용하고 있다. 사람들은 '결혼'이라는 용어에 많은 혼동을 겪고 있다. 포스트 모더니즘은 개인적인 생활 방식과 독특한 개성, 괴이한 사상마저도 인정한다. 그럼에도 불구하고 우리는 용어 '결혼'에 대한 잘못된 개념을 만들지 말아야겠다.

더욱 분명히 이해할 필요가 있다.

결혼을 단순한 결합으로 간주하는 혼동을 저지르지 말아야겠다.

'동성 결혼'이라는 단어를 사용하는 것이 정확해 보이지 않는다. 왜냐하면 **결혼은 원래적 의미에서 '한 남성과 한 여성의 거룩한 연합'**(a holy union between a man and a woman)이기 때문이다. 그리고 이 **'신성한 연합'은 아버지와 어머니, 아들과 딸 또는 아들이나 딸로 구성되는 가족'**을 형성하기 때문이다.

이 '거룩한 연합'은 하나님의 창조법, 자연법칙에 따라 '창조의 능력'을 보유한다. 남편과 아내가 '인간 생명을 형성하고 새로운 인간 존재를 탄생시킨다!'

아내는 거의 1년 여 동안 생명을 형성하고 키우기 위해 '피와 살과 생명력'을 아기에게 공급해 준다. 아이는 세상에 태어나서도 엄마의 젖줄을 통해 엄마의 생명력을 나누면서 성장해 간다.

'피와 살과 생명을 함께 나눔'이 가족 간에 이루어진다. 인간 생명을 탄생시키는 아내와 남편은 능력으로 가득차 있으며 활동적이고 적극적이다. 생산적이고 힘이 넘친다.

그래서 나라의 미래를 위해 추천할 만하다. 이 '결혼'은 근본적으로 하나님의 명령에 따라 인류의 번성에 기여한다. 그래서 이 결혼은 인간 존재와 민족의 번성에 이바지한다. 인류 역사의 시작과 함께 지속되어온 이 결혼은 나라를 번창하게 한다.

그렇지만 소위 '동성 결혼'은 완전히 그 반대다. 소위 **동성 결혼은 가족과 사회의 기초를 지속적으로 파괴한다.** 소위 '동성 결혼'은 비자연적, 비번성적, 편파적, 부정적, 비진실적, 파괴적이다. 인간 존재와 백성의 미래를 위해 결코 추천해서는 안 되는 것이다. '동성 결혼'의 미래에는 인류의 희망이 전혀 없다. 황폐함만 이어진다.

인간과 자연 생태계를 파괴함으로써 우주 속에 '인류 멸종'을 조속히 불러올 뿐이다. 소위 동성 결혼을 택한 사람들은 한 세대 이후 모두 사라진다. 간신히 자신들의 세대에 자기자신의 존재만을 가까스로 유지할 뿐…그들의 죽음과 함께 모든 인간 존재들도 영원히 사라진다.

아주 명백히 '동성 결혼'이라는 표현은 단어들을 부적절하게 묶은 것이다.

더욱 나은 어법은 '동성 결합'(동성 연합) 또는 '동성 커플' 같은 다른 언어를 사용하는 것이다.

요점은 '**결혼**'이라는 용어를 '**동성 커플**'에 적용할 수 없다는 것이다. 그 이유는 '결혼'이라는 용어가 인류의 긴 역사 속에서 이미 분명하게 규정된 정의와 의미를 지니고 있기 때문이다.

그것은 사실이다. 언어학에서 이런 구분을 명확히 해야 할 것이다. 다시 말해 '결혼'이라는 용어를 동성 커플에게 적용한다는 그 자체가 결혼의 본래적 규정과 의미에서 볼 때 잘못이고 부적절하다. 이런 **혼동**은 우리의 현대 사회와 우리시대에 사는 사람들 사이에 일어나는 여러 혼동 중에 하나다. 그리고 이런 불건전한 혼동이 우리 사회를 이끌어가려

한다는 것은 대비극이다. 한탄스럽게도 이런 혼동이 우리 사회를 왜곡된 방향으로 이끌고 있으며, 나라와 세계 인류를 잘못되고 비뚤어진 길로 오도하고 있다.

우리는 건전한 정신과 바른 판단을 유지할 필요가 있다. 단어의 용법도 그렇다. 의미가 다른 언어를 마구 혼합적으로 결합해 부정확하게 사용하는 것은 건전한 사고력과 판단력을 저해한다. 바른 사고와 질서를 무너뜨린다. **단어 '동성 결혼'의 용법은 상당히 모순적이다.** '동성'이라는 말과 '결혼'이라는 말은 함께 간단히 결합될 수 없는 단어다.

그것은 마치 우리가 육지의 '평야'라는 단어와 해안의 '바다'라는 단어를 결합해 **'평야바다'라고 모순된 단어**를 쓰는 것과 유사하겠다. 육지에 있는 평야와 해안에 있는 바다는 본래 다르며 서로 묶어서 사용할 수 없는 것들이다. '평야바다'라고 부른다고 해서 육지에 있는 평야가 해안에 있는 바다로 되지는 않는다. 평야를 바다로 부르는 자체가 모순이다.

또한 그것은 마치 우리가 난초(iris)를 장미라 부른다거나 고양이를 개라고 부르는 것과 유사할 것이다. 그러나 장미는 난초와 같은 것이 아니고, 또한 고양이도 개와 같은 것이 아니다. 그들 사이에 어느 정도 유사성은 있을 수 있다. 하지만 구체적으로는 전혀 다르다.

"난초를 장미라 부르세요. 그렇게 부르는 것이 평등입니다…."

"고양이를 개라 부르십시오. 고양이나 개나 동일합니다."

누군가 이처럼 자꾸 우긴다면 얼마나 어이없는 일이랴.

난초는 난초라고 장미는 장미라고 불러야 바르다. 또한 고양이는 고양이라고 개는 개라고 불러야 바르다. 장미를 난초로 부른다거나 개를 고양이로 부를 수 있을까?

설혹 그렇게 부른다고 해서 장미가 난초가 된다거나 개가 고양이가 되지 않으며 **아무리 우겨도 그렇게 될 수가 없다.** '난초'는 사실 그대로 '난초'라 불러야 하고 '고양이'는 있는 그대로 자연 그대로 '고양이'로 불러야 할 것이다.

같은 방식에서 동성 커플은 '동성 결합'이라 부를 수 있겠다. 하지만 '동성 결합'또는 '동성 커플'을 '결혼'이라 부르는 것은 부정확하다. 왜냐하면 그것은 본래적 의미에서 '결혼'이 아니기 때문이다. 또한 결코 '결혼'이라고 부를 수 없기 때문이다. '동성 결합'을 '결혼'이라 부르는 것은 '난초'를 '장미'라 부를 수 없는 것과 같다. 아무리 우겨도 난초가 장미로 되지 않는다. 그렇지 않은가?

자연 그대로 난초는 난초요 장미는 장미일 뿐이다.

어떤 '특정한 목적을 위해 모인 두 사람의 결합'을 '결혼'이라 부를 수 없는 것같이, 동성 간에 이루어진 연합을 '결혼'이라 부를 수 없다.

'결혼'이라는 용어는 '동성 결합'과 전혀 다르며, 그것을 넘어 훨씬 더욱 심오한 의미를 지닌다. 한 남성과 한 여성의 거룩한 결합인 '결혼'은 인간 생명을 형성하고 인간 존재를 탄생시키는 강력한 창조력(creative power)**을 지니고 있다!**

그리고 이것이 무엇보다도 진정한 의미에서 결혼이 무엇을 뜻하고 무엇을 행하는지를 알려주는 것이다. 동성간의 연합은 결혼과 완전히 상반된다. **'결혼'과 '동성 결합'은 정말로 차이가 나며 거의 반대다.**

현재 우리 사회에서 사람들은 소위 동성 결혼 같은 부정확한 용어를 쓰도록 강요당하고 있다. '동성 남편과 아내'(same-sex husband and wife 또는 "homo-sex husband and wife")라는 말이 성립되는가? 얼마나 모순적인 언어인가?

'동성 결혼' 또는 '동성 부부' 같은 단어들은 모순되게 묶이어 개념화

된 단어다. 다시 말해 아무 관련 없는 두 단어를 부적절하고 부당하게 결합시킨 것이다.

　이것은 우리가 자두를 복숭아라 부르는 것과 유사하다. 하지만 자두는 복숭아가 아니다. 분명히 본질에서 다르다. '복숭아는 복숭아요 자두는 자두다.' 그리고 그 둘은 모양도 맛도 다르다. 그러므로 사람들은 자두를 복숭아로 부르지 말아야 한다.

　태초에 복숭아와 자두가 있었다. 서로 맛과 향기가 다른 두 가지 종류의 과실이다. 자두와 복숭아는 각기 독특성을 띠고 있다. 거기에 탐스러운 복숭아가 있었다. 반면에 거기에 검붉은 자두도 있었다. '우리는 복숭아를 자두라 부르지 않는다.' 만일 우리가 어떤 이유든 복숭아를 자두라 부른다거나 자두를 복숭아라 부른다면, 우리는 오류의 바다 속으로 풍덩 뛰어들기 시작하는 것이다.

　만일 우리가 자두는 복숭아라는 전제 위에서 자두에 대해 이야기한다면 그에 대한 모든 설명이 잘못된다. 자두에 대한 부정확한 설명은 계속 될 것이다. 그리고 그런 설명은 자두나 복숭아 양편 모두에 좋지 않으며 정확하지 않은 것이다. '자두는 복숭아와 똑같다'는 허위 가정에 기초한 자두에 대한 모든 주장과 설명은 잘못이며 부정확하고 일방적이다.

　만일 우리가 자두를 참으로 이해하기 원한다면, 우리는 복숭아와 자두가 동일하다는 전제를 버려야 한다. 그런 허위 전제 위에 세워진 자두에 대한 설명은 어떤 것도 간단히 잘못된 것이다. 그런 이유로 이를 수용할 수 없다.

3. 만일 전제가 거짓이면 주장도 수용될 수 없다

어떤 주장을 수용할 수 있으려면 그 주장이 근거를 둔 전제가 사실이고 바른 것이어야 한다. 거짓 전제 위에 세워진 설명이나 주장은 역시 거짓이기 때문이다.

"콩 심은 데 콩 나고 팥 심은 데 팥 난다."

다시 말해 거짓 전제를 심으면 거짓 결론이 만들어진다. 허위를 심었는데 진실이 나올 수 있다고 기대하는 것은 요행을 바랄 수 있겠지만, 어리석은 생각이다.

'심은 대로 거둔다'는 말처럼, 거짓 전제를 심으면 거짓 결과를 거두게 된다. 전제가 거짓이면 그 전제 위에 세워진 주장도 인정될 수 없다. 거짓된 가정 위에 세워진 이야기나 주장 역시 사실이 아니기 때문이다.

만일 사람들이 그런 것을 참되다고 생각하기 시작한다면, 우리의 의사소통에 근본적인 혼란과 잘못이 일어난다. 그리고 사실이 아닌 진술이나 이야기에 근거해 어떤 정책이나 권리를 추구할 수도 없을 것이다. 사람들은 허위 진술에 기초해 자유와 권리 또는 다른 혜택을 요구할 수 없다. 만일 추구한다면, 혼동을 불러일으키면서 오류의 바다로 뛰어드는 첫 걸음이 되는 셈이다.

우리는 '결혼'을 '동성 결합'이라 부를 수 없으며 또한 역으로 '동성 결합'을 '결혼'이라 부를 수 없다.

우리는 '동성 결합'을 '결혼'이라 부를 수 없으며 또한 역으로 '결혼'을 '동성 결합'이라 부를 수 없다. 우리는 동성 결합을 결혼이라 부르지 말아야 겠다. 그렇지만 그것이 동성 결합이 인정되지 않는다는 뜻이 아니다. 오히려 그것은 동성 결합을 **있는 모습 그대로 또한 시행되는 그대**

로 우리 사회에서 평가한다는 것을 뜻한다.

그리고 '동성 결합'이라는 언어가 암시하듯, 소위 '동성 결혼'이라는 것은 '결혼'과 똑같은 것이 아니다. 소위 '동성 결혼'이라는 것은 '결혼'(원래적 의미에서)과는 다른 '동성 결합'으로 부르는 것이 더욱 적절하다.

'동성 결합'은 다른 범주에 속하는 다른 개념이다. '동성 결합'을 필히 '결혼'으로 간주할 논리적 근거나 이유가 없음이 자명하지 않은가?

우리가 '자두'를 '복숭아'라 부를 수 없듯, '동성 결합'을 '결혼'이라 칭할 수 없다. 동성 결합은 성격과 내용에서 결혼이라 칭하지 말아야 함이 정직하다. 그러므로 부정확한 진술에 기초한 어떤 요구도 정당성이 없고 실체성도 없다. 또한 소위 '동성 결혼'의 주장을 인정하게 하려고 다소 합리적인 듯이 내세우는 근거도 유지 될 수 없겠다.

4. 자두는 자두로 복숭아는 복숭아로 다룬다

우리는 자두를 복숭아로 보지 않고 또한 복숭아를 자두로 보지도 않는다. 마찬가지로 우리는 소위 '동성 결혼'이라는 것을 '결혼'으로 취급하지 않고 '결혼'을 '동성 결합'으로 취급하지도 않는다.

동성 결합을 그 자체의 있는 모습 그대로 바라보고 취급한다.

강조하지만 '자두'는 '복숭아'가 아니다.

◆ ◇ ◆ ◇ ◆

어떤 사람이 장터의 거리에서 자두를 잔뜩 쌓아 놓고 팔고 있었다. 그런데 이 사람은 외쳤다.

"자 복숭아요! 복숭아 사세요. 맛있는 복숭아 팝니다."

"복숭아요! 복숭아요! 싱싱하고 단 복숭아요"

"방금 과수원에서 따온 무르익은 복숭아요…둘이 먹다 하나 죽어도 모르는 맛있는 복숭아를 싼 값에 드립니다…"

장터를 거니는 사람들이 확성기를 통해 울려 퍼지는 그 소리를 듣고 모여 들었다. 복숭아에 관심 있는 사람들이 하나 둘 모이기 시작했다. 그들은 모두 탐스러운 복숭아를 잔뜩 기대하고 있었다. 하지만 그들이 모였을 때 눈에 보이는 것은…복숭아가 아닌 조그만 자두였다. 자두가 잘 익어서 신맛이 덜할 것 같다.

"아니 이건 자두잖아"

"이건 자두야, 복숭아가 아닌데…."

"복숭아 어디 있어요?"

"자두 말고 복숭아, 복숭아 파신다고 하셨잖아요."

확성기를 들고 소리 높여 복숭아를 외치던 상인이 말한다.

"이건 복숭아입니다. 정말 복숭아예요…복숭아 사시오!"

"복숭아 사시오 복숭아요."

모인 사람들은 어리둥절했다. 아마 자두 더미 속에 복숭아가 있거나, 아니면 복숭아가 어디 다른 곳에 있을지 모른다. 그러나 아무리 둘러봐도 또 아무리 자두더미를 헤쳐 보아도 복숭아는 보이지 않는다. 드디어 사람들은 상인에게 따지기 시작했다. 복숭아를 판다는 소리에 모였는데 실제는 자두만 있고 복숭아는 없다!

"이건 복숭아가 아니라 자두예요, 자두!"

"왜 자두를 쌓아놓고 복숭아라고 외치나요?"

우린 정말 복숭아를 파시는 줄 알고 여기 왔어요. 자두를 팔았다면 이곳에 오지 않았을 겁니다. 좀 정직하세요!

"복숭아 어디 있어요?"

열심히 복숭아를 외치던 상인은 말했다.

"이거 복숭아에요. 원래는 자두인데 이제는 복숭아라고 불러도 됩니다. 법이 생긴데요. 자두도 복숭아로 부를 수 있도록…."

모인 사람들은 수군거리기 시작했다.

"아니 어떻게 그럴 수가…. 자두는 복숭아가 아닌데."

"어떻게 그런 법이 있을 수 있어요. 자두는 자두고 복숭아는 복숭아인데…."

"자두를 복숭아라고 하면 잘못이잖아요."

"옛날부터 복숭아는 한 번도 자두가 된 적이 없어요. 복숭아는 복숭아예요. 자두는 자두고요. 둘은 달라요."

"복숭아는 크고 달고, 자두는 좀 작고 새콤하고…."

사람들은 생각을 말하기 시작했다. 대부분이 자두는 복숭아가 아니라고 말했다. 그러면서 그런 어처구니없는 법을 누가 만드냐고 화를 냈다.

그런데 어떤 사람이 말했다.

"자두도 복숭아처럼 생겼어. 복숭아로 부르는 것에 찬성!"

"나도 찬성!, 복숭아나 자두나 같은 과일이지…."

그러자 큰 소리가 났다.

몇 몇 사람이 맞섰다.

"아니, 복숭아는 복숭아예요. 복숭아와 자두는 달라요."

"자두는 자두고요. 서로 달라요!"

모인 사람들 사이에 고함과 소란이 일어나기 시작했다. 그냥 자두라고 불렀으면 아무 일도 없었을 것을…상인이 자두를 복숭아로 외친 바람에, 또한 그런 법이 생긴다는 이유 때문에, 갈등이 일어났다. 많은 사람들이 생각한다.

 '절대로 자두는 복숭아가 아니다. 자두와 복숭아는 다르다.'

 그래서 그런 잘못된 법을 만들면 안 된다고 생각한다. 만일 그런 법을 만든다면 그 법은 잘못된 것이므로 다시 바르게 고쳐야 한다. 어떤 사람들은 생각했다.

 '자두도 복숭아처럼 생겼다. 복숭아나 자두나 같은 종류다.'

 그래서 그런 법을 만들어도 문제되지 않는다.

 상인은 복숭아를 판다는 소리를 듣고 몰려온 사람들이 서로 의견이 달라 갈등 속에서 다투는 모습들을 보았다. "자두는 복숭아가 아니다"라고 주장하는 사람들과 "자두도 복숭아와 같다"고 하는 사람들 사이에 다툼과 언쟁이 일어났다. 다툼과 언쟁, 분열과 갈등이 점점 더 커지고 깊어진다.

◆ ◇ ◆ ◇ ◆

 자두는 복숭아가 아니다. 동성 결합을 결혼으로 칭하는 것은 잘못이다. 동성 결합은 결혼이 아닌 '다른 무엇'이기 때문이다.

 자두는 자두로 복숭아는 복숭아로 다루는 것이 공정하다.

 자두는 복숭아가 아니기 때문이다.

 마찬가지로 '동성 결합'을 '결혼'과 다른 방식으로 처리하는 것이 불평등하거나 불공평한 차별을 하는 것은 아니다. 왜냐하면 둘은 서로 상이하기 때문에 상이하게 처리하는 것이 공평하기 때문이다. 자두는 자두를 다루는 방법으로, 복숭아는 복숭아를 다루는 방법으로 처리함이 공평하다. 자두를 복숭아처럼, 복숭아를 자두처럼 바라볼 수 없겠다.

 동성 커플은 동성 결합이라는 범주 내에서 권리와 혜택을 주장할 수 있겠다. 다시 말해 그들이 동성 결합임에도 불구하고 마치 아닌 양, 결혼이라는 범주 내에서 권리를 주장하지 말아야 할 것이다.

진실성과 정직성을 지니자.

강조하여 자두는 자두로, 복숭아는 복숭아로, 생긴 모습 그대로, 본래의 내용 그대로 바라보고 다룬다.

결과적으로 우리 인간 존재는 자신이 어떤 삶을 살 것인가에 대해 스스로 선택할 자유가 있다. 또한 스스로 선택한 삶의 방식에 책임이 따른다. 그것이 '동성 결합의 삶'이든, '결혼의 삶'이든, 당신이나 나는 모두 각자 '선택한 삶의 방식'에 책임이 주어진다.

그리고 당신 자신이, 살아갈 생활 방식을 선택하는 것이며, 아무도 당신에게 어떤 특정한 유형의 인생을 선택하라고 강요할 수 없겠다.

당신 자신이, 당신 자신의 힘으로, 당신 자신의 판단과 의지에 따라, 당신 자신의 삶의 방식을 결정한다.

그것이 무엇이든 게이의 삶이든, 아니면 결혼이든, 당신 자신이 결정하며, 자신의 선택에 대한 책임이 불가피하게 이어질 것이다.

그대가 결혼을 선택한다. 그러면 법으로 결혼에 포함된 모든 권리를 주장할 수 있다. 그대가 동성 결합을 선택한다. 그러면 법으로 동성 결합(소위 동성 결혼)에 해당된 모든 사항을 주장할 수 있다.

그대가 자유로 또한 의지로 동성 결합을 선택하기 때문에, 그대는 결혼과 같은 권리를 요구함 없이, 자신이 선택한 삶의 방식에 해당하는 권리를 기대할 것이며, 그 삶의 방식에 책임이 따를 것이다.

그리고 그것은 그대가 차별당했음을 뜻하지 않는다. 오히려 그대가 고유한 권리를 지녔고 책임이 있음을 의미하겠다. 복숭아는 복숭아요 자두는 자두다. 그래서 우리는 '복숭아'를 자두로 또는 '자두'를 복숭아로 다루지 않는다. '자두'는 자두, '복숭아'는 복숭아로 다룬다.

5. 나라에 위험한 적

악마들이 일으킨 적군이 한국과 미국과 인류를 잔혹하게 공격해오고 있다. 이제 나라와 인류는 적군의 부단한 공격으로 소용돌이에 휘말리기 시작한다. 대 소용돌이가 형성되어 그 안으로 물체들을 빨아들이고 휘말아 감으면서 안으로 내려 몰고 들어가 끝없는 심연의 늪 아래로 낚시키는 것처럼, 소용돌이를 일으키고 그 안으로 사람들을 빨아들이려 한다.

대적은 나라에 끝없는 소용돌이와 풍파를 만든다. 어쩌면 그런 무서운 소용돌이나 풍파도 미혹당하는 사람들에게는 좀 이상하고 환상적으로 보일지 모른다. 불나비가 타오르는 불빛 소용돌이 속으로 죽음을 감지 못하고 뛰어들 듯, 사람들은 끝없는 나락으로 밀려 내려가는 죽음의 끝을 감지하지 못한 채 고혹적인 유혹의 수렁 속으로 견디지 못하고 빠져 들어간다.

특히 악마들은 이 나라 젊은이들을 사로잡아 끝 모를 암흑 속으로 밀어 버리고 싶어한다. 젊은이들이 나라와 민족과 인류를 강력히 세울 수 있는 희망이요 꿈이기 때문이다. 악마는 '**하나님 아래 한 나라**'인 나라를 무너뜨리기 원한다. 십자가의 불빛들이 환하게 빛나는 나라, 한국을 몰락시키기 원한다. **나라가 풍전등화처럼 위험하다.**

가면을 둘러쓴 적이 나라와 인류를 향해 사정없이 침공해 오면서 위협하고 있다. 소위 '동성 결혼'은 달콤한 모습으로 다가오나, 나라와 온 세계에 극도로 **해롭고 위험한 적이다.** 음탕한 바람을 일으킨다.

소위 '동성 결혼'은 부정확하게 조합된 단어인데, 무자비한 적이다. 이 세력은 쾌락이라는 가면을 쓰고 나타나 사람들에게 사정없이 공격을 퍼부어댄다. 폭력이나 무기가 아닌, 감미롭고 다정한 모습을 하고 우리에게 다가와 죽음의 거센 소용돌이로 끌어들이려 유혹하면서 쉴 사이 없이 부드럽고 미혹적인 공격을 감행한다. 그럼에도 불구하고 공격은 무력 전쟁보다 심하고 맹렬하다. 악마는 유혹적인 미소를 함빡 머금고 달콤한 모습으로 다가 오지만 치명적이다.

이 세력은 침투하여 인간과 공동체와 나라에 어두움의 씨앗을 뿌려 놓으면서 흑암의 세력을 서서히 널리 확장시켜 나간다. **악마의 생각과 정신과 판단력을 널리널리 심고 퍼지게 하여,** 어둡고 비뚤어진 세상이 당연한 듯, 암흑을 환한 빛이라고 우기면서, 모든 인간들을 그들의 나라 어두움 속으로 흡수하려고 한다. 그리고 직접적으로 사람들의 몸을 서서히 파괴하기 시작한다.

작은 기생충이 사람 몸 안에서 생식하면서 사람의 몸을 정상에서 이탈하여 서서히 약화시키고 병들게 하듯, 대적은 정상인의 육체를 점점 더 허약해지게 하고 비정상으로 변화시키면서 매 순간마다 생명을 갉아 먹는다. 그리하여 인간 정신도 점점 비정상으로 변화시키며, 올바른 판단력과 통찰력을 때로 상실하게 하고 편협하고 파괴적인 행동을 끌어내도록 만든다. 왜냐하면 악마는 파괴적이고 평화적이지 않기 때문이다.

하나님의 말씀과 법에 대항하는 어떤 생각과 판단이나 행동도 우리 인간에게 해로울 것인데, 바로 하나님이 우리를 만드셨고, 하나님이 우리의 창조주시요 보호자이시며, 우리를 지키시는 자 이시기 때문이다.

이 세상에 전능하신 창조주 하나님보다 우리 인간들을 더욱 사랑하고 보호하는 존재가 있을까?

하나님의 돌보심이 없다면, 우리 인간은 광대한 우주에서 미아처럼 헤매다가 기진하여 굶어 죽을지도 모른다. 전능하신 창조주 하나님의 극진하신 사랑과 세심하신 관심이 없다면, 우리 인간은 외롭고 고독하게 사막을 방황하다가 목말라 쓰러질지도 모른다.

　전능하신 창조주 하나님이 우리 인간을, 당신과 나를, 이루 헤아릴 수 없이 깊이 사랑하신다는 엄연한 사실이 항상 우리 모두에게 기쁨이요 위로이며 어떤 어렵고 실패하고 넘어지는 극한 상황에서도 희망이다.

　하나님이 우리 인간을 극진히 사랑하셔서 자연의 법칙을 포함한 많은 법을 세우시고 우주를 운행하시기 때문에, 하나님이 세상을 이처럼 사랑하셔서 운행하시기 때문에, 하나님이 정해놓으신 법칙을 떠나는 순간, 인간은 더 이상 안전하지 못하다.

　전능하신 창조주 하나님이 우리 인간을 지키시기 위해 확고히 세워놓으신 창조와 자연법칙 즉 인간의 안전망을 벗어났기 때문이다. 하나님이 세워 놓으신 안전망을 부수고 또는 그곳을 벗어났을 때 말 못할 위험들이 도사리고 있으며 인간 존재는 수시로 위협을 당한다.

　사탄은 나라의 사람들이나 지구상의 모든 인류에게 '**하나님의 창조법**,' 즉 '**하나님의 안전망**'을 벗어나라고 쉬지 않고 속삭이며 유혹한다. 이 나라 사람들이 하나님의 법 안에 거하는 한, 나라와 국민들을 사멸시킬 방법이 없기 때문이다. 적군은 할 수 있는 한 나라를 정복하기 위해 사람들을 유혹한다.

　"너희들 모두 하나님의 법을 떠나라…."

　"너희가 하나님의 법을 지키는 한 우리는 너희들을 파괴할 힘이 없다…."

　"제발 하나님의 창조법과 자연법을 위반하라! 너희 모두는…이 나라는…우리의 밥이 된다."

　"하나님의 법을 위반하는 순간, 너희들은 우리 악마들의 백성이요, 우리 악마들의 세계인 암흑 속으로 영영 떨어질 것이다…으하하!"

악마들은 사람들이 하나님의 창조법칙과 자연법칙을 지키면서 안전하게 생육하고 번성하는 것이 못마땅하다. '지옥의 문 회의'에서 하나님의 나라 미국과 한국과 세계 나라들을 멸망시키기로 작정한 악마들…'동성애'라는 새로운 전략을 사용해 나라들을 악마의 속국으로 만들려 전쟁하기로 결정한 악마들….

이제 그들의 악독한 정체를 감추고 위장 전술을 사용해 사람들을 파괴하려고 치열한 위장 전투를 벌이고 있다. 추악한 정체를 감추고 유혹적인 모습으로 분장을 하고 다가온다. 달콤한 제스처를 던지면서 우리에게 다가온다. 여기서 적이 총을 쏘면서 진격해 오는 것이 아니라, 어떤 대담한 자유나 쾌락의 멋진 가면을 쓰고 나오기 때문에, 사람들은 전혀 적이라고 깨닫지 못한다. 오히려 혼동 속에 있으면서 자신들이 전쟁 상태에 있지 않다고 느끼게 된다. 적들이 무장을 하고 침입해 오는데도 자유나 쾌락의 노래마저 흥얼거리게 된다. 어처구니없는 상황이다.

적군은 그럴듯한 매력으로 한껏 분장을 하고 우리들 가운데 침투해 들어와서 공격하고 파고든다. **특히 젊은이들에게 더욱 파고든다.** 인간 생명을 암흑으로 몰고 가는 악마의 세력이 나라와 인류에 침투해 있다. 어처구니없게도 사람들은 위장 전술에 속아 넘어가 기꺼이 적의 포로가 되기를 자처하기도 한다.

대한민국과 미국과 세계에서 악마의 하수인들은 사람들로 하여금 위장전술에 넘어가 암흑의 나라로 들어가도록 한껏 부추기고 있다. 그런 잘못된 지도력에 넘어가 악마의 전술에 현혹당하는 젊은이들과 시민들이 매우 위험하다. 그들은 악마의 하수인들에 이끌려 캄캄한 지옥 계단을 더듬거리면서 내려가다 그 다음 더 빨리 깊은 흑암의 나라 지옥의 문을 향해 터벅터벅 내려간다. 사방 시커먼 벽들에는 축축한 그림자들이 오간다.

마음이 여리고 순수한 젊은이들이 악마의 하수인들의 부추김에 현혹될 수 있다. 하지만 죽음으로 서서히 이끄는 추한 세력을 단호히 거절해야 할 것이다.

"젊은이들이여! 그대들의 인생은 이제 막 시작되었다. 그대들의 인생은 길다. 거짓들에 미혹 당하지 말라!"

젊은이들은 건전한 사고와 판단력과 의지로 해로운 동성애를 강력히 거절할 권리가 있다.

"젊은이들이여! 미래를 생각하자. 정말 부부가 사랑하는 자녀를 둔 행복한 가정을 꿈꾸고, 행복한 가정을 이루라. 그대들 미래의 행복한 가족을 지금 파괴하지 말자."

게이나 레즈비언은 궁극적으로는 본인의 결정에 따라 그런 삶을 사는 것이며, 아무도 그들에게 강요할 수는 없는 것이다. 대한민국이 위험하다. 세계 나라들이 위험하다.

6. 가장 잔인한 적

소위 '동성 결혼'은 무자비한 적이다. 그것은 한국에 미국에 또한 세계 나라들에 잔인한 적이다. 이 적과의 전쟁보다 더욱 무자비한 전쟁이 없어 보인다. 다른 어느 전쟁도 이처럼 잔혹하지 않을 것이다. 전쟁이 발발하면 적은 무기를 들고 공격해 사람들을 죽인다. 수많은 사람들이 죽임을 당하고 부상당할 수 있을 것이다.

그럼에도 불구하고, 얼마의 사람들이 전쟁에서 살아남을 수 있다면, 새로운 생명이 태어나고 사람들이 늘어날 수 있다. 그래서 하나님의 창조법을 따라 다시금 지상에서 번성할 수 있게 된다. 전쟁에서 살아남은 군인들이 창조질서대로 여인들과 결혼할 때, 새로운 세대가 발흥하고 인간 존재의 새로운 번영이 여기 다시금 도래한다.

비록 폭력적인 전쟁 후에도 살아남은 군인들에게 항상 새로운 기회가 주어져서 좋은 가족을 지닌 아버지가 될 수 있다.

하나님은 그처럼 자비로우시다. 파괴 후에도 다시 부활의 기회를 허락해 놓으셨다.

하나님의 법칙을 따르는 자들에게 부활의 기회가 주어져 있다. 전쟁에서 살아남은 군인들은 하나님의 창조법을 따라 여인들과 연합해 행복한 가족을 다시 이룰 수 있다. 이 얼마나 아름답고 놀라운 돌보심이랴!

이 가족은 남편과 아내, 아들과 딸 또는 아들이나 딸로 구성된다.

또한 생존한 군인들은 원하는 만큼 많은 자녀들을 둘 수 있으며, 그리하여 나라는 다시금 수없이 많은 국민들로 번성할 수 있다.

하나님은 그처럼 인간의 번성을 원하시고 생육하고 번성하라는 축복을 한없이 베풀어 주셨다.

우리가 하나님의 법 안에서 사는 한, 우리에게는 생육하고 번성하여 땅에 충만해지는 하나님의 사랑과 축복이 세세토록 이어진다.

어느 나라든지 국민이 있으므로 강하게 존속할 수 있다. 더욱 많은 국민들이 거주할수록, 그 나라는 더욱 강해질 원동력을 지녔다. 만일 사람들이 하나님의 창조법칙을 거역해, 소위 동성 결혼이 유행처럼 번져 태어나는 아이가 없어진다면, 그 나라는 오랜 기간 나라로서 지탱하기 어려울 것이다. 아마 점차 지도에서 사라질지 모른다. 땅 위에서 하나님의 창조법을 거역한 자들에게 내려지는 재앙이다.

비록 처참한 무력 전쟁 후에도, 살아남은 군인들이 하나님의 창조법칙을 따라 여인들과 결혼하고 아이들을 가질 때, 국가에 새로운 번성이 올 수 있다. 국민들의 존속과 번성이 오직 '한 남자와 한 여자의 결합인 결혼'을 통해 올 수 있는 것이라면, 그렇다면 결혼제도를 파괴하는 것은 인간들이 존속하고 번영하는 어떤 찬스도 파괴하는 것이다.

"동성 결혼에는 전혀 아무런 희망이 없다. 어두움…. 생명이 소멸되어가는 죽음과 암흑만 있다."

정부는 전투 후에 폐허 속에서 살아남은 군인들이 여인과 결혼하도록 격려하게 된다. 하지만 만일 그들이 게이를 택한다면, 더 이상 민족 번영의 찬스는 없다. 만일 게이 군인들이 있어, 여인과 결혼을 거부한다면, 끝이다. 새로운 축복받은 세대나 번영이 올 기회는 사라진다. 나라는 몰락한다.

그들 모두는 후손들 없이 쓸쓸히 죽어갈 것이요…그것은 인간 존재의 말로와 또한 그 나라의 말로를 표시할 것이다. 왜냐하면 국민 없는 나라는 나라로서 오랫동안 서 있을 수 없을 것이기 때문이다.

그렇지만 만일 생존한 군인들이 동성 결합을 택하지 않는다면, 거기에는 항상 다시금 수많은 사람들이 사는 강한 나라가 될 '**새 희망과 찬스**'가 있다.

"**결혼(참된 결혼)을 통해 아이들이 태어나 민족이 번성하게 된다. 많은 아이들이 성장하면서 다시 민족이 강해지고 인류가 번창할 것이다.**"

반면에 소위 '동성 결혼'은 국가의 융성이나 번영을 위한 아무런 찬스도 없다. 전멸로 끌어간다. 그래서 아마 무기로 한 순간에 여러 사람을 죽인 것보다 더 잔인할 것이다.

소위 동성 결혼은 인간 생명이 형성되는 바로 그 가능성 자체를 영원히 없앴기 때문이다.

거기에는 민족이 강성해질 일말의 찬스도 전혀 없다. 필연적으로 국민이 약해지며, 인류 존속이 위태로워진다.

"소위 동성 결혼은 인류가 스스로 무덤을 향해 가는 행진이다."

불나비는 왜 그를 태워 죽이는 불길을 향해 뛰어드는가?

그곳이 좋아 보이고 살 수 있을 것 같이 보이기 때문이리. 활활 타오르는 유혹의 불빛이며 죽음의 불길이다. 하지만 겉으로는 환하고 좋아 보인다. 아무 문제없어 보인다. 화려해 보이기까지 한다. 유혹의 불길들이 높이 치솟으며 타오른다.

악마는 화려한 정열로 치장을 하고 불길로 뛰어들 희생자들을 찾으며 여기저기서 기다리고 있다. 길거리를 돌아다니며 서울대학교 등 여러 대학교 캠퍼스들을 돌아다니면서 동성애라는 사멸의 불길로 떨어질 희생자들을 찾기도 하고 또한 대학생과 젊은이들이 스스로 불길 속으로 뛰어들기를 기다리고 있기도 한다.

악마들은 생명이 탄생해서 나라가 왕성해질 적은 가능성도 허락되는 것이 못마땅하다. 그래서 어떤 찬스도 회피하도록 유혹한다. 하나님의 창조법 즉 하나님의 안전망을 벗어나도록 끈질기게 부추긴다. 지상의 선에 대적하는 세력을 **따르는 자들은 하나님의 안전망을 떠난다.** 그것은 잔혹하다.

하나님의 형상을 지닌 인간이, 창조주가 허락하시고 명령하신 대로, 인간 존재를 형성해 이 나라에 출현시킬 가능성을 박탈한 무자비한 방법에 걸려 들었다.

하나님의 형상을 상실하였다. 그래서 하나님이 창조한 인간을 탄생시키지 않고, 마음대로 없애는 방법에 낚이었다. 그들은 생명의 형성을 너무 소홀히 여기면서 생명의 모체 형성을 거부한다. 결국 생명이 형성되는 길을 없애므로 사람이라는 존재가 세상 안으로 들어올 모든 기회를 박탈한다. 이때 손짓하며 서서히 다가오는 '인류 몰살'의 그림자들이 어른거린다. 소위 **동성 결혼이 얼마나 무자비한가!**

악마는 자연 속에서 남녀 간에 연합하여 존속을 가능하게 하는 '**창조 질서의 길**'을 차단하려고 기승을 부리면서, '**하나님의 창조에 반역해 역 창조의 길**'로 행진하도록 자꾸 유혹한다.

악마의 작전과 유혹에 이끌려 정말 어처구니없이 인간 스스로 몰살의 길을 선택해 그 안으로 들어간다. 인간 스스로 **죽음의 문**을 열고 그 안 깊숙한 곳을 향해 기꺼이 들어간다. 불나비가 죽음을 감지하지 못하고 불 속으로 뛰어들어 타죽듯, **타오르는 유혹의 불길에 이끌려 사멸로 뛰어드는 죽음의 행진을 한다.** 하나님의 창조 원리에 대한 대 폭동이고 반란이다.

아름다운 숲이 우거지고 맑은 물이 흐르는 자연의 넓은 산과 들에 사는 동물들을 자세히 보라! 동물도 가족을 이루는 데 동성 결합을 하지 않는다. 그렇다면 새끼가 없어 가족이 없기 때문이다. 동성 결합을 피하는 것은 피조물로서 하나님의 창조법에 속하는 자연의 이치에 따른 행동이다. 창조주가 주신 본능으로 동성 결합을 피한다! 동물들이 널리 유행처럼 암컷끼리 또는 수컷끼리 결합한다면, 멸종이 속히 일어날 것이다.

사람도 마찬가지다. 유행처럼 여성끼리 남성끼리 결합한다면, 순식간에 존재의 끝이 오기 시작한다. 동성 커플은 인간 존재 그 자체를 너무 소홀히 간주한다. 그래서 **고귀한 인간 생명에 대한 최고 권리를 일찌감치 포기한 불쌍한 사람들이다.** 그러므로 그들은 패배자(loser)다.

그들은 너무 일찍 인간의 소중한 권리를 무시했다. 거치른 우주에서 '인간 존재의 소멸'에 저항하기를 포기하였다. 인간 존재의 사라짐에 맞서 극복하는 방법은 '결혼을 통한 후손의 출생'이다. '결혼'을 통해 인간 존재의 사멸을 방지하면서 인간은 계속 존재하고 번성할 수 있기 때문이다.

오직 '한 남성과 한 여성의 거룩한 연합'인 '결혼'을 통해서만, 사람들은 계속 존속할 수 있다. 땅 위에서 번성할 수 있다! 만일 그렇지 않다면, 동성 결혼이 극도로 장려되고 확산된다면, 존재의 벼랑 끝에 서있게 되리라.

서서히 인간 존재의 종말을 고하는 장송곡 전주가 울려 퍼질 것이다. 이 땅 위에서 인류의 소멸이 현실로 성큼 다가 온다.

소위 동성 결혼을 오바마처럼 압도적으로 장려한다면, 나라의 멸망을 부추기고 민족 쇠퇴를 앞당길 것이다. 동성 커플은 '인간 생명'이 계속 살아있고 또한 계속 존속할 수 있어야 하는 찬스를 철저히 외면하였다. 사랑해야하는 사람을 어리석게도 외면하듯, 사랑을 잃어버린 싸늘한 시선으로 인간 존재를 냉대하였다.

사람의 존재를 냉대한 그대들은 그래도 외롭고 공허하지 않은가?

그대들은 동성 결합을 선택함으로써 인간 생명을 땅위에 탄생시키는 모든 권리를, 그대들의 살과 피가 섞인 자녀들을 통해오는 오는 모든 슬픔이나 기쁨을, 남편과 아내가 조화를 이루는 아름다움을, 하나님이 참된 가족에 내려 주시는 모든 축복을, 또한 땅 위에서 '인류를 존속시켜야 하는 모든 고귀한 사명과 책임'을 망각하고 저버렸다.

그대들은 오직 현재 시간에 희망을 둔다. 젊은 날의 방향 잃은 감각과 쾌락을 따라간다. 그래서 그대들이 죽은 이후에(인간은 누구나 때가 되면 죽는다) 모든 일들은 아무것도 아닌 '무'(nothing)로 돌아갈 터인데, 마치 그대들이 결코 거기 존재하지 않았던 것처럼 '무'가 될 것이다.

그대들의 인간 생명 무시는 비극이다. 순진한 그대들은 인류를 뿌리째 뽑아버리고 들어내는 가장 잔인한 적이 던진 미끼를 물고 걸려들었다.

인류가 살기 위해 얼른 그 미끼를 빼고 토해내야 하지 않겠는가?

얼마의 사람이 동성 결합을 한다면, 나라는 얼마간 약해 질 것이다. 만일 많은 사람들이 동성 결합을 한다면, 나라는 많이 약해질 것이다. 만일 모두가 동성 결합을 한다면 민족과 인류는 모두 약해진다. 궁극적으로 나라가 지도상에서 점점이 없어지고, 세계 인류도 자취를 감추기 시작한다. 세상이여-지구여 안녕!

7. "생육하고 번성하여 땅에 충만하라…"

> 하나님이 자기 형상 곧 하나님의 형상대로 사람을 창조하시되 남자와 여자를 창조하시고 하나님이 그들에게 복을 주시며 하나님이 그들에게 이르시되 생육하고 번성하여 땅에 충만하라. 땅을 정복하라 바다의 물고기와 하늘의 새와 땅에 움직이는 모든 생물을 다스리라 하시니라(창 1:27-28).

"생육하고 번성하여 땅에 충만하라!"

우주와 인간을 만드신 전능하신 창조주 하나님의 명령이다. 동성 커플은 좀 어리석다. 왜냐하면 자신들의 생명을 죽이는(수명이 거의 절반으로 단축) 방식을 스스로 따르기 때문이다. 그들의 생명은 매시간 단축된다. 누에가 뽕나무 잎을 갉아 먹듯이 그들이 사는 것 만큼이나 생명을 갉아 먹히면서 단축시킨다.

그대들, 이렇게 자신들의 생명을 단축시키는 데도 아무렇지도 않은가?

인간 생명은 하나님이 허락하신 가장 고귀한 선물이다. 우리들 모두에게 생명을 지닌 인간으로서 이 땅 위에서 살아가는 기회는 오직 한번 주어졌다. 이처럼 귀중한 그대들의 생명을 매시간 갉아 먹히면서도 그래도 좋다고 동성애를 따라가는가?

그대들 앞에 죽음의 허한 공허가 크게 입 벌리고 있는 데…그 흉악한 모습이 보이지 않는가?

그대들은 해로운 생활을 하면서 인간의 가장 고귀한 인권을 스스로 저버리기를 선택했는가…그대들은 가장 고귀한 인간의 특권을 저버렸다.

즉 땅 위에서 **'하나님의 형상을 지닌 인간이 계속해서 태어나게 하고 후손을 통해 인류가 계속 존재하도록 해야 하는 고귀한 특권과 책임'**을 망각하고 저버렸다. 무한한 우주 속에서 지구의 광활한 대지 위에서 우리 인간이 계속해서 존재할 수 있는 특권과 의무를 포기하였다! 그들은 하나님의 형상대로 지음 받은 인간이 어떤 삶을 살아야 할지에 대해 숙고함 없이 이기주의적이며 근시안적인 행동을 한다.

다시 말해, **하나님의 형상대로 지음 받은 인간은 생육하고 번성하여 땅에 충만해야 한다.** 하지만 동성애자들은 거꾸로 한다.

그렇다면 그대들은 누구인가?

누가 감히 하나님의 창조에 거꾸로 가는 방향으로 폭동을 일으키면서 돌진하는가?

누가 감히 창조주 하나님께 반역하면서 하나님의 창조법과 자연법에 반대 방향으로 질주하는가?

당신들은 우주에서 '무'(nothingness) 와 '공허'(vacuity)를 좋아하나?

왜냐하면 모든 생명 있는 존재들에게 '무' 또는 '멸종'이 소위 동성 결혼에 따라오는 '피할 수 없는 결과물'이기 때문이다. '무'와 '멸종'을 피하려면 그대들은 동성 결혼을 합법화하지 말아야 한다. 소위 동성 결혼의 합법화는 인간 생명을 위협하고 인류 존속을 위태롭게 만드는 생활 방식, 즉 인간에게 위해한 요소를 합법화하는 것이다.

하지만 그런 유해한 요소는 법으로 금지해야 함이 마땅하다. 왜냐하면 인류는 보다 안전하게 어떤 해를 당함 없이, **생육하고 번성하여 땅에 충만해야 하기** 때문이다.

그것이 하나님께서 인간을 창조하신 방식이고 명령이며 인간을 창조하신 목적이다. 또한 그것이 당신과 내가 이 아름다운 지구라는 정원에 보내어진 이유다.

우리 인간을 향하신 하나님의 명령이다.

"생육하고 번성하라 땅에 가득하라!"

슬프게도 소위 '동성 결혼'은 하나님의 창조능력을 무력화시키고, 하나님의 창조를 공허와 암흑으로 되돌려 놓으려 한다. 인간을 볼모지로 몰고 가면서 하나님의 '창조'를 '무'와 '흑암'의 깊은 공허로 역진시킨다. 그것은 하나님의 창조에 반역하는 움직임이며, '존재하는 무엇'을 '비존재의 무'로 바꾸려는 퇴행적이고 파괴적인 움직임이다.

소위 동성 결혼은 자연 생태계와 인간 생태계를 파괴한다.

생명 생성의 완벽한 회피를 통해 인간 생명들을 서서히 영원히 소거시키면서 자연법과 하나님의 창조법을 파괴하고 거슬리면서 역진해 진행한다. 이것은 **우주에서 인간 존재를 전멸시키는 파괴적 방법**이다. '**파괴적 방법…!**'

당신이 맛 좋은 열매를 얻으려고 과일 나무 씨를 심었다고 상상해 보자. 씨에 싹이 터서 잎이 솟아나고 줄기들이 생기기 시작하였다. 그리고 이제 나무들로 자랐다. 하지만 이 나무들이 반역을 일으켰다. 그들은 회의를 열었다.

"열매를 맺으려면 영양분을 꽃으로 보내야 해. 그러면 우리가 지치고 힘들지, 우리 그만두자…"

열매를 맺지 않기로 결정하였다. 현재 살랑살랑 불어오는 바람들과 살포시 내려오는 단비를 흡수하며 즐기는 나무들은 열매 맺기를 거부했다.

"그냥 이대로가 좋아. 아! 좋다."

"왜 우리 영양분을 힘들게 꽃으로 보내고 열매를 만들고 자라도록 계속 보내야 하랴."

"그냥 이대로가 편해. 내 에너지를 열매에 보낼 이유가 뭐람, 우리만 풍부하게 즐기자."

"즐기자 오늘을 우우우…."

나무들은 몸짓을 하면서 자신들의 위상을 활짝 드러냈다.

"보아라, 우리 얼마나 멋있나. 이대로 풍부해!"

"우리 정말 훌륭하지? 우리는 성공했어. 지금 좋아"

"우린 그냥 만족해. 열매 맺으려 고생할 이유가 무엇이랴!"

나무마다 빈 몸을 드러냈다. 모두 자랑스럽게 폼을 잡고 으쓱거리면서 뽐냈지만 열매는 하나도 없다. 나무를 심은 목적인 열매가 하나도 없다. 이제 과일 나무를 심은 당신은 몹시 화날 것이다. 결국 쓸모없는 나무를 찍어 불 속에 던져 사를 것이다.

당신이 많은 돼지 새끼를 얻으려고 돼지를 여러 마리 기른다고 가정해 보자. 어느 날 돼지들이 모여서 결정했다.

"우리는 즐거워야 해. 새끼를 낳지 말자. 이대로 그냥 살자…."

"왜 새끼에게 피와 살을 공급하고, 힘들고 위험하게 피를 흘리면서 출산하랴…."

새끼를 잉태해 배 안에서 자신의 생명을 새끼에게 나누어 주고 영양을 공급해 주는 것, 피를 흘리고 새끼를 낳는 일은 정말로 고통스럽고 위험하다. 돼지들은 서로 상의하였다.

"그래, 우리 동성 무리로 살자. 새끼를 낳을 필요 없어…그냥 현재를 즐기면서 살자."

"그래, 우리 새끼는 하나도 낳지 말자. 우리 그냥 돼지처럼 살자…."

자기들을 돌보는 주인의 목적과는 달리 돼지들은 동성으로 무리지어 살기로 결정하였다. 이제 돼지 새끼가 한 마리도 생길 수도, 태어날 수도 없다. 암컷은 암컷끼리, 수컷은 수컷끼리 모여 살았다.

돼지들은 꿀꿀거리면서 지금에 배부르고 만족하게 산다. 동성 무리로 살면서 새끼를 밸 수 없게 되었다. 그래서 그들은 새끼를 단 한 마리도 낳을 수 없었다. 시험관 새끼를 시도해 보려하지만 그 미래를 예측할 수 없는 위험이 따른다. 결과적으로 그들이 늙어 죽는다면, 끝이 올 것이다. 거기에 남을 것은 없다. 한 마리도 없게 된다. 완전 몰살이다!

동성끼리 무리지어 사는 돼지들에 당신은 너무 어이없어 화를 낼 것이다.

"어떻게 이런 일들이 일어날 수 있단 말이냐?"

도저히 용서 못한다! 비정상적인 괴이한 생활 방식을 참을 수 없다! 동물들에게 비정상인 것은 사람에게도 역시 마찬가지다. 우리 모두는 자연의 한 부분이기 때문이다.

자연 생태계의 관점에서도 소위 **동성 결혼은 '인류의 생존과 보존'을 위해 결코 허용해서는 안 되는 삶의 방식**이다. 그것은 하나님의 창조법칙과 자연법칙마저도 거역하면서 인류종말을 가속화 시킨다. 하나님이 만드신 지구라는 아름다운 정원에서 우리는 창조주의 명령을 따라 생육하고 번성하여 땅에 충만해야 하리라.

"생육하고 번성하여 땅에 충만하라!"

8. 나라를 파괴하는 고등 전략

나라를 파괴하는 방법! 동성 결혼은 논박의 여지없이 나라와 민족을 파괴하고 몰락시키는 생활 양식이다. 사람들의 육체를 파괴하고 매 시간 인간 생명을 갉아 먹으면서 인류를 지상에서 제거하려는 악마의 위장된 전술이다. 너무 무섭다.

비록 동성 커플이 잘 깨닫지 못해도, 악마의 세력은 나라를 몰락시키기 위해 소위 '동성 결혼'을 사용한다. 기독교 전통의 서구 나라들과 비이슬람 나라들을 파멸시키려고 악마는 동성애를 사용한다. 소위 동성 결혼은 나라와 인류를 무너뜨리려고 사탄이 펼치는 고차원의 전략이다. 전쟁에 들어가는 전투기나 탱크가 필요 없고, 나라를 무너뜨리는 데 포탄이 없어도 된다. 핵무기나 최신무기를 사용하지 않고 나라와 인류를 정복하는 고등 전략이다. 이 전쟁에는 재정, 무기, 장비 등이 필요 없다.

반면에 물고기를 유인하는 미끼로 사과나 쿠키가 제공된다. 사과는 달콤하고 쿠키는 바삭바삭해 보인다. 그래서 사람들은 그것이 자신들을 덮치기 위해 놓인 미끼라고 알아채지 못한다. 물고기가 덥석 미끼를 물고 걸려들 듯, 눈앞에 놓인 달콤해 보이는 미끼들이 참기 어려운 미혹을 던진다. 던져진 많은 미끼들을 주워 먹지 않을 수 없다. 돈과 성적 쾌락과 안락의 던져진 많은 미끼들을 주워 먹기 바쁘다. 달콤하고 맛있겠다. 너무 유혹적이라 때로 거절하기 어렵다.

이 나라를 파괴하려는 악마의 숨겨진 전략은 사람들이 적의 진짜 정체를 모르고 미끼(그들을 죽음으로 이끄는 덫)를 먹는 한 성공적이다. 요즈음 나라와 세계를 파괴하려는 악마들의 일정이 성공적으로 보인다. 비단 대통령 자신도 역사상 최초로 성소수자를 열렬히 주장하고 도를 넘도록 지원한다.

역사에서 대통령 중 아무도 소위 동성 결혼을 지지하지 않았다. 역사상 어느 대통령도 소위 동성 결혼을 합법화시키려 열정을 쏟지 않았다. 대통령이 소위 동성 결혼에 관심을 쏟은 적이 없다. 비정상이며 정상적으로 다룰 사항이 아니기 때문이다. 그러므로 버락 후세인 오바마가 '평등'이라는 이름 아래 인간을 절멸시키는 왜곡된 성소수자(LGBT)를 극도로 높이는 것은 우리를 당황스럽게 만든다. 그런 비정상적 처리는 국민을 타락과 멸망의 늪으로 끌어내리고 윤리성과 신앙심을 파괴하는 악한 처사다. 그는 사람들 사이에 심각한 갈등, 분열, 혼란, 다툼을 계속 일으키고 있다.

더욱이 성실한 사람들에게 아주 해로운 '동성애 생활 방식을 인정하라'고 협박하는 것은 악하다. 또한 비윤리적이고 반사회적이며 비법률적이고 비헌법적이다. 그의 정부는 제과점이나 꽃가게 주인들에게 동성 결혼 케이크나 꽃을 만들어 팔라고 강압하면서 사업에 간섭하지 말았어야 한다. 주인들에게 특정 품목을 안 판다는 이유로, 사업을 폐쇄하겠다고 위협하는 어이없고 부당한 폭력을 거두어야 할 것이다. 동성애가 마치 중요한 근본 법칙처럼 사회의 모든 것을 지배하도록 하는 극히 비정상적인 시행을 중지해야 한다.

창조법과 자연법에 어긋나며 인간 존재를 파괴하는 소위 동성 결혼을 앞세우기 위해 (정말 무언가 크게 잘못되었다), 성실한 시민들에게 원치 않는 비정상의 행위를 꼭 해야만 한다고 강제하는 것은 어이없다.

왜 그런 비민주주의적 시행을 부당하게 하는 걸까?

악마들은 불길이 활활 타오르는 '지옥의 문 회의'에서 한국과 미국과 인류를 파멸시키기 위해 새로운 전략을 사용하기로 결정했었다. 동성 결혼, 동성애…나라를 완전히 붕괴시킬 수 있는 최고 전략이다! 그들은 '지옥의 문 회의'에서 나라를 무너뜨리기 위해 이 작전을 세웠던 것이다.

현재 악마들의 작전이 잘 먹혀들어가는 것 같다. 사탄이 가족과 공동체, 나라와 국민, 도덕과 종교를 허물어뜨리고 있다.

대한민국에서 미국에서 세계 나라들에서 사탄의 불꽃 튀기는 작전이 치열하게 벌어지고 있다. 2016년 6월 11일 대한민국의 서울시장은 국민들이 반대하는 '퀴어 축제'를 서울광장에 허용하면서 사탄의 작전에 잘 휘말려 들었다.

하지만 이날 한국 교회와 교인들, 시민들은 악마의 정체를 직시하고 맞불 집회로 모여들었다. 여의도순복음교회(이영훈 목사), 새에덴교회(소강석 목사), 연세중앙교회(윤석전 목사)를 포함 수많은 교회와 교인들 시민들이 모였다.

대한민국 교회는 깨어 있었다. 성도와 시민은 깨어있었다. 이 굉장한 광경에 악마들은 놀라지 않을 수 없었다. 악마들은 정말 놀랐다.

동성애라는 고도의 전략이 수포로 돌아가는 것은 아닐까?

한국교회총연합네트워크, 한기총(대표 회장 이영훈 목사), 한교연(대표회장 조일래 목사) 한장총(대표 회장 백남선 목사)이 서울광장 앞, 대한문 앞에서 주도한 '퀴어 축제 반대 범국민대회'…. 1부 교회 연합 기도회, 2부 생명, 가정, 효 페스티벌이 펼쳐졌다.

처음 예장합동 한성총회의 난타와 부채춤 공연으로 무대에 수십 개의 태극기와 십자가 깃발이 펄럭인다.

비가 와도 계속됐다.

"앗! 십자가다."

이 장면을 보는 지옥의 악마들은 가슴이 뜨끔뜨끔 하면서 마음을 졸였다.

이영훈 목사가 대회사로 강력하게 외쳤다,

"우리는 예수님 이름으로 반드시 승리한다! 우리는 승리한다! 동성애는 신앙적으로 잘못되었다! 동성애는 도덕적, 윤리적, 사회적으로도 잘못된 것이다. 동성애는 개인과 가정, 사회를 파괴하고, 대한민국을 망하게 하는 것, 망하게 하는 것이다. 우리 모든 국민이 일어나야 한다. 동성애는 물러가라!…동성애를 박멸하는 은혜의 집회가 될지어다!"

"아멘!"

사람들은 큰소리로 화답했다. 바라보고 있던 악마들은 얼굴을 찡그리면서 힘이 없어 보였다.

조일래 목사는 격려사로 강하게 비판했다.

"어떤 사람들이 동성애를 선택이며 '인권'이라고 말한다. 그러나 인권이라는 이름으로 도둑질, 강도와 살인을 한다면 도대체 세상이 어찌 되나…동성애가 정말 인권인가?"

"인권이라는 이름으로 동성애가 자유해지고 만연하게 되면, 하나님은 이 세상을 파괴시킬 것이다! 우리는 자녀를 지키기 위해 동성애를 적극 반대하는 것이다!"

청중들이 화답한다.

"아멘!"

소강석 목사는 '사랑하지만, 반대합니다'라는 설교를 외쳤다,

"나는 무거운 마음으로 이 시대와 역사가 부른다는 생각으로 이 자리에 섰다. 동성애자들을 사랑한다. 그들도 피를 나눈 동포이며 이웃이다. 사랑하고 보듬기를 원한다. 하지만 동성애 자체를 사랑하거나 찬성할 수 없다. 동성애자들을 사랑하지만 저들의 행위는 반대한다!

아무리 행복하다고 말해도 정상이 아닌 '비정상'이기 때문이다. 대한민국 심장과 같은 서울 한복판, 서울광장에서 퀴어 축제를 한다는 건 도저히 있을 수 없는 일이다!

동성애를 조장하는 행위다…모두가 불쌍히 여기고 탈동성애로 선도하는 쪽으로 가야 한다. 동성애를 조장하고, 분위기를 돋우면 우리 자녀들은 어찌 되나?

소돔과 고모라, 로마, 폼페이가 망했던 원인이 동성애다. 국가 장래를 생각해 보라. 동성애는 결코 받아들일 수 없다!"

수많은 참석자들은 빗속에서도 우산을 펼치고 "아멘!" 화답한다.

이요나 목사는 탈동성애자들을 위한 기도를 외친다,

"하나님께서 얼마나 괴로웠으면 우시면서 '눈물'을 흘리실까? 동성애는 해결될 수 있는 문제다! 저주할 게 아니라 전도 대상으로 삼아야 한다. 우리는 탈동성애 운동으로 복음을 전해야 한다!"

동성애 반대 1인 시위도 해온 한교연 전 대표회장 양병희 목사가 외쳤다.

"아! 이 얼마나 한탄스러운가. 음란한 동성애 축제가 진행되니 심히 분노하고 개탄한다. 이대로 두면 서울광장 동성애 축제는 매년 열릴 것이고 차별금지법도 통과될 것이다…동성애는…본인 의지에 따라 치료 가능한 게 상식이다. 우리 사회가 무슨 짓을 하든 방조하면, 우리는 하나님 앞에서 진노의 자식이 될 것이다! 이것을 방관하면서 묵시적으로 동조하고, 지원하는 박원순 시장! 그는 반드시 지도자가 돼서는 안 되는 인간이다!"

모인 사람들은 소리 높여 "아멘"을 외치고 열심히 기도한다. 서울광장이 진동한다. 이 열기를 바라보는 악마들의 얼굴에 두려운 표정이 역력하다. 탈동성애 운동에 기수를 든 새누리 이혜훈 의원은 하나님께 축복받은 대한민국을 지키고 동성애자들이 치유받길 원한다고 외쳤다. 박원순 서울시장과 반기문 유엔 사무총장의 동성애 옹호 정책을 강하게 비판했다. 퀴어 축제가 열리는 서울광장을 향해 수많은 교인들이 두 팔을 벌리며 소리 높여 수차례 통성 기도를 한다,

"주여! 저들을 불쌍히 여기소서. 잘못된 생활에서 돌이켜 진정 주님 안에서 행복한 삶을 살게 도와주소서!"

"동성애는 물러가라!"

"사랑하는 아들아, 딸들아, 돌아오라!"

이런 놀라운 광경들에 악마들은 겁먹은 모습을 보이면서 어깨를 움추렸다. 앗! 대한민국이 이렇게 강력한 나라이던가…. 악마들은 충격을 받았다.

한국 교회와 시민의 동성애 반대는 필사적이었다. 동성애 반대에 생명을 거는 목사도 교인도 있었다. 기독교대한감리회(감독회장 전용재)는 '동성애에 찬성하거나 지지하는 교단 목회자는 정직, 면직 또는 출교에 처한다'는 장정 개정안을 공표했다. 감리교의 '교리와 장정'은 장로교 헌법과 같겠다. 동성애를 원천적으로 반대하는 감리교회는 장정개정위원회(김충식 위원장)에서 동성애를 원천적으로 차단하고자 교단 법에 동성애 반대 입장을 확고히 규정한 것이다. 더 이상 사탄이 기웃거릴 여지가 없다!

가정과 교회와 나라를 무너뜨리려는 사탄의 음흉한 전략에 맞서는 한국 교회와 성도들의 필사적인 전투는 생명을 내건 치열한 것이었다. '지옥의 문 회의'에서 동성애를 최고 전략으로 내세워 가정과 교회와 나라를 무너뜨리고 사탄의 왕국을 세우려고 결정한 악마들은 결정타에 피를 흘리면서 비실거리기 시작한다…대 충격을 받았다. 교회와 성도들이 악마의 전략에 맞서 필사적인 전투를 하는 곳…거기에 예수 그리스도의 십자가가 빛나고 있었다. 부활하신 주님의 능력이 찬란하게 비치고 있다.

교회와 나라를 붕괴시키려는 사탄의 전략에 대항해 사탄을 패배 시키고자 하는 한국의 교회들과 시민들의 동성애 반대는 필사적인 것이었다. '나라와 민족'을 수호하기 위해 동성애 반대에 생명을 거는 목사도 교인도 시민도 있다.

　6월 8-11일 동안 서울광장을 차지하여 많은 텐트를 치고 미스바 금식성회를 열어 동성애를 반대하면서 기독교의 퀴어 축제 원천 봉쇄를 대담하게 시도해 온 예수재단(임요한 목사)은 '동성애 아웃, 이슬람 아웃, 차별금지법 아웃'을 소리 높여 외쳤다. 교회와 시민이 참여한 기도와 말씀과 문화 공연을 펼치면서 동성애 반대를 만방에 강력하게 포고했다.

　예수재단은 퀴어 축제의 날 서울광장에서 구국 기도회를 열려다 경찰에 가로 막혔다. 경찰은 퀴어 축제를 막으려는 기도회를 차단하고, 예수재단이 퀴어 축제를 봉쇄하는 구국 기도회를 하지 못하도록 대한문 앞으로 철수시켰다. 예수재단은 퀴어 축제를 원천 봉쇄하려 했으며 필사적으로 동성애 반대를 외쳤다.

　이날 총신대학교 김영우 총장과 500여 명의 학생들이 서울광장 가까이서 '동성애 반대,' '차별금지법 반대'를 외치면서 진정한 신학대학의 면모를 행동으로 보여주었다.

　KNCC가 지난 4월 28일 김조광수 감독을 초청해 동성애 조장 강연을 열려 했을 때, 동성애대책위원회, 교회와 교인과 시민 단체들은 강연 취소 요구 기자회견과 당일의 거센 피켓 시위, 항의와 통성기도로 행사를 중단시켰다. 사탄의 전초 작전을 파괴시킨 것이다. 십자가의 군병으로서 한국 교회와 시민과 종교 단체들의 동성애 반대는 모두 연합해서 필사적이다.

　"내 나라를 구할 것인가?"

　"가정과 나라의 멸망을 보고만 있을 것인가"

　6월 11일 동성애반대국민대회에 몰려와 대한문 앞에서 시청역 일대를 가득 메운 참가자들! 태극기를 흔들면서 "동성애 박멸! 동성애 퇴치! 깨끗한 한국 할렐루야"를 외친다. 큰 소리로 대한민국 전체가 울리도록 기도한다. 퀴어 축제에 온 사람들보다 더 많은 사람들이 비속에서도 기도한다. 외친다. 동성애 결사반대!

"동성애자는 사랑하지만, 동성애는 반대!"

미국에서처럼 동성애를 부추기고 동성 결혼을 합법화시켜 대한민국을 파멸시키려 계획한 악마들은 이런 엄청난 광경에 펄쩍 놀랐다. 곧바로 지옥으로 달려 내려가 두목 사탄에게 일어난 모든 광경들을 고했다. 자세히 귀를 기울이던 사탄은 졸개들에게 말한다.

"아! 대한민국 교회와 교인들이 너무 강력해. 영국이나 미국과 다른 것 같다. 아마 우리 작전이 한국에서는 실패 할지도…모르겠다…."

"아, 그럴까요…한국 교회…. 아, 정말정말 굉장해요."

"더욱 문제는 한국 교회가 우리 비밀 작전을 패배시킨 다음에…아시아에서 우리 악마들이 발도 못 붙이도록 만드는 것이야…그럼 우리 악마들이 동성애로 아시아를 정복할 수 없게 되지."

사탄이 매우 심각하게 말했다.

"두목님, 아, 정말 한국 교회와 성도들과 시민들이 원체 강하고 완전무장을 잘했어요. 하나님의 전신갑주로 전투태세를 완벽히 갖추어서…우리가 공격할 빈틈이 안보이네요…어찌하든 일부 목사라도 우리 악마의 편으로 끌어들여서 동성애 찬성에 앞장서도록 만들어야 할 텐데요…그들의 정신과 눈을 흐려서 우리 편으로 더욱 깊숙이 끌어들여야 할 텐데요…염려가 됩니다."

악마들이 말했다.

"더욱 걱정은 한국이 우리 악마가 미국을 온전히 패배시키지 못하도록 그 영향력을 끼치는 거야. 미국 교인들과 시민들이 한국의 강력한 신앙과 생명을 내건 동성애 반대를 보면서…다시 신앙으로 무장하고…우리의 파괴 전략인 동성애에서 탈피 할 수도 있어….”

"아, 제발…그러면 안 되는데…그럼 우리 작전이 실패하잖아요….”

두목 사탄의 얼굴에 갑자기 웃음이 싹 사라지고 컴컴해졌다.

"아마…아마…. 대한민국이 미국이나 다른 서구 기독교 나라들의 멸망을 다시 일으켜 세울 수 있을지도 몰라…그러면 안 되는데…우리가 이겨야 하는데…이건 정말 낭패다….”

"대장님, 걱정하실 만합니다. 정말 저희들도 놀랐습니다. 아! 한국교회와 시민의 전투력이 너무 막강합니다. 어찌보면…우리가 패배할 것 같아요.”

'지옥의 문 회의'를 열고 승리를 외쳤던 악마들은 염려하기 시작했다. 자신들의 '동성애 작전'이 대한민국에서는 아마 실패할 수 있을지도 모른다…그리고 한국으로 인해 미국인들도 영향을 받아 동성애 먹이에서 벗어날지도 모른다. 더 나아가 서구의 기독교 나라들도 다시 복구 될지도 모른다고….

'지옥의 문 회의'에서 그처럼 동성애 만만세를 외치고 환호했던 악마들…그들에게 근심이 깊어진다. 어쩌면 대한민국의 교회가 서구의 기독교 나라들을 다시 신앙으로 일으켜 세우리라. 그래서 동성애로 기독교와 서구를 멸망시키려는 자신들의 작전이 참패할지도 모른다….

악마들에게 깊은 근심이 생겼다. 한국 교회가 뚫고 들어갈 빈틈을 보이지 않는다. 하지만 걱정만 할 수 없다. 승리를 쟁취하기 위해 모든 수단과 방법을 총동원하리. 더욱더욱 치열한 전투를 벌일 것이다.

사탄은 자신들이 지배하는 왕국을 만들기 위해 인류를 하나님 앞에서 멀어지게 하고, 하나님에 대항해 반역하도록 부추기면서, 기독교 전통의 서구와 나라들을 붕괴시키려고 피 흘리는 전쟁을 계속 치열하게 벌이고

있다. 피 흘리는 전쟁이 무자비하게 진행 중이다.

사람들은 이 악마의 세력이 정말 얼마나 흉악한 일을 하고 있는지를 바르게 간파해야 한다. 잔혹하고 치열한 대 전투에 위기감이 감돌고 있다. 동성 결혼 합법화를 외치는 자들은 아마 자신들이 실제로 무엇을 하고 있는지 잘 모를 수 있다. 그냥 소위 동성 결혼이 '평등'에 대한 것이라고 막연하게 주장할지는 모른다. 하지만 그것은 **정확히 '인류 멸종'에 관한 것이다.** 결코 평등이나 인권에 대한 것이 아니다. 그런 혼동을 하지 않도록 깊이 생각해 보고 조심하자. **나라가 큰 위기에 처해있다.**

미사일과 무기를 사용한 전쟁에서 많은 사람들이 죽는다. 그럼에도 불구하고 살아남은 자가 있다면, '결혼'을 통해 후손을 번성시킬 기회가 여전히 있다. 인간은 여전히 생육하고 번성할 수 있으며, 새 힘을 얻어 번창할 수 있다.

"하나님의 창조법칙을 따를 때 인간세계는 번성을 이루며, 하나님의 창조법칙을 위반할 때 인간세계는 몰락한다."

참혹한 전쟁으로 황폐화되었을 때도 하나님의 법칙을 따른 '**신성한 결혼제도**'를 통해 회복과 번영의 찬스는 여전히 주어졌다.

하나님은 그처럼 자비로우시다. 하나님의 말씀과 법을 따르는 사람들에게 어떤 위기 속에도 희망의 씨앗을 남겨두신다.

창조주 하나님이 매일 우리들에게 내려 주시는 햇빛과 단비와 맑은 공기, 바다의 물고기들과 육지의 풍성한 소산들은 단지 우리 사람들을 향한 하나님의 지극하신 관심과 세심한 보살핌의 한 부분일 뿐이다. 우주와 만물을 창조하시고 우리를 만드신 하나님은 아주 위대하게 또한 아주 미세하게 끝없는 우주를 운행하시면서 **한 치의 빈틈도 없이 우리 인간들을 보살펴 주시고 우리 생명을 지켜 주신다.**

우리는 하나님의 사랑을 듬뿍 받은 고귀한 존재들이다. 어떤 상황에도 우리는 혼자가 아니다. 항상 전능하신 하나님이 우리를 보호하시고 사랑해 주신다. 당신과 내가 있는 곳에, 언제나 하나님의 돌보심과 사랑이 있다. 우리가 비록 큰 슬픔과 좌절 속에서 한없는 실의에 잠겨 있을 때도, 또한 우리가 비록 캄캄한 사망의 골짜기들을 더듬으면서 두려움을 느낄 때도, 우리를 지으신 하나님이 우리 곁에 계신다. 우리를 향해 한없는 사랑을 부어주신다. 하나님의 영원하신 사랑이 우리에게 희망이다.

하나님의 매우 상세하신 사랑과 보살핌이 없다면, 우리는 도저히 광대한 우주 가운데서 하나의 떠도는 별인 지구 위에 발을 디디고 그 소산을 먹으면서 생명을 유지할 수 없으리라!

순식간에 우주 공간에 별들의 충돌이 생겨 지구가 사라질지도 모른다. 하나님이 아주 세심하게 관심을 기울여서 우리를 돌보아 주시지 않는다면, 물과 공기가 없어 모든 생물들이 순식간에 죽을지 모른다. 하나님은 우주와 세상과 인간을 창조하시고 우주와 우리 인간들을 한 치의 오차도 없이 세심하게 보살펴 주시고 돌보아 주시며 운행하신다.

그러므로 사람들이 **하나님의 법칙을 지키는 한** 생육하고 번성하는 미래와 희망의 기회가 있다. 위기 속에도 하나님이 주신 찬스는 여전히 남아있다. 전능하신 창조주 하나님은 언제나 우리의 도움이시요 희망이시다. 그러므로 사람들이 하나님의 법칙 안에 거하는 한, 하나님이 도와주시고 보살펴 주시며 축복해 주시는 희망의 기회가 여전히 있다!

하지만 하나님의 창조법칙을 거슬리는 소위 '동성 결혼'이라는 적과의 치열한 전투에서 우리가 패할 때, 거기에는 제2의 찬스가 없다. 하나님의 피조물인 우리 인간들이 우리를 눈동자와 같이 돌보시고 지켜 주시는 '**하나님의 법칙**'을 거역하고 대항하며 역진함으로써, 그때 인간은 정확하게 자신을 지켜주는 안전핀을 뽑아 버렸기 때문이다.

거기 더 이상 어떤 찬스도 사라졌다. 아! 아주 티끌만한 기회도, 아! 아! 아주 미립자같이 미세한 어떤 찬스도, 전혀 없다. 안전핀이 뽑혔다. 이제 인류는 위태로운 파멸의 공간 속으로 무한정 던져진다. **그것으로 끝이다!**

9. 나라를 붕괴시키는 달콤한 공포의 전략

소위 동성 결혼은 달콤할지 모르나 실제로는 나라와 민족을 패배시키는 공포의 전략이다. 무기를 사용하지 않고도 인간을 뿌리째 뽑는다. 풀을 없애려고 뿌리를 자르듯, 흙을 파내어 파란 풀의 뿌리를 자르거나 뽑아 버리듯, 뿌리를 자르고 뽑아 버린다. 언젠가 풀도 시들어 죽을 것이요 잘라지고 뽑혀진 뿌리들로 인해 숲이 죽고 메마를 것이다. 소위 동성 결혼은 국민의 뿌리를 자르거나 뽑아 버린다. 적군에게 이 얼마나 효과적인가!

소위 동성 결혼을 성급히 지원하는 사람들은 결코 인간 존재를 깊이 사랑하는 자들이 아닐 것임이 분명하다. 왜냐하면 그것을 열렬히 지원하는 자들은 민족의 멸절과 나아가 인류의 멸망을 열렬히 지원하는 것이기 때문이다.

그들이 그것을 아는가?

모르는가?

동성 커플이 반드시 의도한 것은 아닐지라도, 소위 동성 결혼에는 필연적으로 '나라와 인류의 대 붕괴'라는 그림자가 항상 따라온다. 동성 결합에 그처럼 항상 따라오는 어두운 그림자에도 불구하고, 오바마는 몹시 서둘러서 나라 전역에 정착시키려 조급하다. 러시아 민족의 번성을 위해 동성애를 반대하는 푸틴과 매우 대조적이다. 지나치게 성소수자를 양성하기 때문에, 누군가 나라를 서서히 몰락시키는 어떤 비밀스러운 일정을 지녔을지도 모른다는 의혹이 생기기 시작한다.

왜 동성 결합이 그처럼 긴급할까?

정상적인 상황에서 소위 '동성 결혼 합법화'는 결코 바람직하지도 긴급하지도 않다. 소위 '동성 결혼'은 물에 빠져 죽는 사람을 건지는 일처럼 급박하거나 필사적 과제가 아니다. 그것은 하나님의 법에 역행하는 움직임으로 도덕, 철학, 윤리, 과학, 의학의 견지에서도 용납할 수 없는 타락한 해로운 방식이다.

이런 생활 방식은 매우 위태하고 불안정하며 파괴적인 영향을 인류 전체에 이루 말할 수 없이 퍼뜨린다. 확실히 가족 구조에 부정적 영향을 미치며, 가족을 병들게 하고, 나라와 인류도 병들어 쓰러지게 만든다. 아이들은 정상적인 가정에서 자랄 수 없다. 엄마와 아빠가 따스하게 웃어 주는 건강한 가정에서 보살핌을 받지 못한다. 소위 동성 결혼의 합법화는 부자연스러운 가족을 만든다.

"어떻게 '두 남자'가 '엄마 아빠'가 될 수 있나?"

"어떻게 '두 아빠'가 '한 가족'에 있는가?"

정직하게, 어떻게 두 남자가 한 아이의 아빠일 수 있나?

그들은 여인과 결혼하지 않았다. 그래서 아이를 가질 수 없으므로 사실 아빠도 아니다.

"호랑이도 자기 자식을 사랑한다."

이런 말처럼 '피와 살을 나눈 자식'을 향해 본능적으로 마음 깊숙이에서 우러나는 그런 사랑, 자연적이고 선천적으로 우러나오는 그런 사랑이 발현되기 어렵겠다.

그래서 보호자나 양부모는 있겠지만, 자연적인 정말 부모나 자녀는 없을 수 있다. 소위 동성 결혼에는 혈육의 관계성, 자연적, 선천적 관계성이 없다. 가족 구조가 불가피성으로 묶이지 않고 인위적으로 엮이어 불완전한 결합체를 이룬다. 따라서 엄마와 아빠가 낳은 혈육의 자식을 향해 지닌 자연의 본능적인 사랑을 체험할 수 없을지 모른다. 동성부모는 좋은 부모를 모방하려고 노력할 수 있다.

하지만 모방(imitation)이 진품(the original)은 아니지 않은가?

'자연적 부성애'나 '자연적 모성애'란 아이를 잉태하고 출산하는 자연적 형성 과정을 거치지 않고 우러나기 어려울 것이다. 좋은 게이 아빠 그 자신도 아마 그처럼 하려고 노력해도, 진정한 부성애가 무엇인지 느낄 수 없고, 자연적 부성애를 정확히 표현할 수 없음을 때때로 인정할 것이다.

더 나아가 동성 결혼이 가장 공포를 일으키는 것은 인간이 더 이상 생명을 일으키고 존재를 출현시킬 수 없도록 행동하는 방식 때문이다. 인간의 생명이 형성되는 것을 아예 근거도 내리지 못하게 철저히 박탈하는 행위는 매우 끔찍하며, 무한 지탄을 받아 마땅하다.

그것은 반헌법적인데 지속해서 인간 생명 형성을 회피하고 결과적으로 지속해서 인간 생명을 파괴하기 때문이다. 소위 동성 결혼이 계속되는 한, 인간 생명의 감소와 파괴도 계속 된다.

그리고 지속되는 인간 생명의 감소와 파괴로 인류 역사는 종국으로 줄달음치게 된다. 소위 동성 결혼이 계속되는 한, 나라와 세계는 그 문을 점점 더 좁히면서 인류 역사의 문을 점점 닫고 있는 것이다.

이제 그들이 쾌락에 묻혀 그 문이 완전히 닫혀 버릴 때, 인류는 더 이상 지상에 머물러 있지 않게 될 것이다. 타오르는 불빛에 현혹되어 불 속으로 뛰어든 불나비가 불길과 화염에 묻혀 죽고 말듯이, 사람이라는 존재들이 그림자도 없이 모두 사라졌을 것이다.

◆ ◇ ◆ ◇ ◆

"아주 오래전에 사람들이 땅 위에 걸어 다녔다…?"

"사람들이 살았다고…?"

"옛날에 이 땅위에 사람이라는 존재들이 살고 있었는데…그들은 하나님을 거역하면서 동성애에 빠져 모두 사탄의 왕국으로 사라졌다고…"

멋진 날개들을 활짝 펼친 새들이 나뭇가지 위에서 서로 말했다. 사슴과 토끼 떼도 깡충깡충 뛰어다니면서 '사람들'이 사라진 것에 대해 말했다.

"바보들…사람들은 바보…아니 어떻게 수컷끼리 또는 암컷끼리 결합했대…멍청하기는…그러고도 살기를 바랐어?"

"우리처럼 남녀가 결합해야지…우리를 보아! 우리 사랑스러운 새끼들을 좀 보라고…우리 가족을 보라. 얼마나 행복해 보여…."

사슴이 말했다.

"그때 내가 사람들에게 말했었지. 절대로 수컷끼리 또는 암컷끼리 살지 말라고…그러면 당신들은 새끼를 못 낳고 없어진다고…내가 자주 그들에게 말했지. 하지만 사람들은 귀를 꽉 막았어…결국 남자는 남자끼리, 여자는 여자끼리 모여 살다 모두 죽고 말았어. 새끼가 하나도 없으니 그들은 완전히 사라졌다…."

아이들 다섯을 둔 토끼 부부가 말을 주고받았다.

"사람은 참 어리석어. 불쌍하기도 하지…토끼인 우리보다 못해…수컷끼리, 암컷끼리 모여 살다 다 죽어 없어졌다. 어리석어…우리가 그렇게 말려도 듣지 않고 모두 죽고 없어지다니…."

"정말 어리석어. 그때 그렇게 말렸는데…절대로, 절대로, 수컷끼리, 수컷끼리 모여 살지 말라고…."

"사람은 바보야…바보! 수컷끼리 암컷끼리 살다, 다 죽다니, 모두 몰사했다."
"똑똑한 척 하더니…무지했어."
"사람들이 이제 다 사라졌다…."
사람이 참 멍청한 바보라고 서로 말했다.
인간들이 모두 땅 위에서 자취를 감춘 후에도….

◆ ◌ ◆

자연은 여전히 아름다운 자태를 드러내고 있었다. 푸른 하늘아래 널리 펼쳐진 초원에서 새들이 노래하고 토끼 떼와 사슴 떼가 뛰어다닌다. 분홍색 노란색의 아름다운 꽃들이 향기를 발하면서 여기저기서 바람에 미소를 짓는다. 맑은 물줄기들이 숲속의 이곳저곳에서 졸졸 흐르고 그 물줄기를 따라 작은 물고기들이 헤엄치며 다닌다.

자연은 여전히 아름답고 싱그럽다. 여전히 생명체들이 발하는 신비로운 움직임과 함성이 새벽을 깨운다. 사람들이 모두 사라진 후에도…얼마 동안 자연은 여전히 그대로…얼마 동안은 그 생생한 자태들을 유지할 것이다.

소중한 인간 생명을 보호하지 않았다. 귀중한 인간 생명을 무시했다. 처절히 파괴하였다. 그처럼 생명을 파괴하는 행위에 가담하거나, 동조하고, 부추기는 것은 헌법에 어긋남이 분명하다. 소위 동성애, 동성 결혼이라는 악마의 계략은 사람의 고귀한 생명을 매시간 조금씩 단축시킨다. 고귀한 생명의 형성을 완전 배제한다. 결국 자연 생태계에서 인간을 파괴하고 인류가 사라지는 길로 가도록 유도한다. 소위 동성 결혼은 국가의 법을 깨뜨린다. 자연의 법을 깨뜨리고, 하나님의 법을 깨뜨리면서, 어두운 밤이 바다를 내리 덮치듯, 인류의 전멸로 지구를 덮친다.

10. 달콤하나 가장 무서운 적 동성 결혼

　나라와 세계에서 전쟁이 시작되어 치열하게 벌어지고 있다. 이 전쟁은 거센 물결을 숨긴 호수처럼 잔잔하다. 평화 속의 전쟁이다. 하지만 그 결과는 상상을 초월하여 비참하다. 잔악하고 참혹하며 처참한 전쟁이다. 인류를 영원한 죽음으로 몰아가는 무자비하고 잔혹한 전투다. 이보다 더 무섭고 잔악한 전투가 있는가?

　대한민국에서 미국에서 전 세계에서 사탄의 불꽃 튀는 공습과 작전이 무섭도록 펼쳐지고 있다. 나라와 인간을 멸망시키기로 작정한 악마는 결코 포기하지 않는다. 음탕한 독기를 뿜으면서 아가리를 벌리고 삼킬 자들을 두루 찾는다.

　사람들을 패배시키려고 비밀 작전을 세우고, 우리가 전혀 예상하지 못하는 때에 급습하기도 한다. 방심하던 사람들은 놀라 비명을 지른다. **이 나라와 세계를 사탄의 나라로 만들려는 악마들의 끈질긴 유혹과 공습이 몸부림치면서 필사적이다.**

　소위 동성 결혼은 달콤한 사과와 쿠키를 던지면서 유혹하지만 민족과 인류에 가장 무서운 세력이다. 땅 위에서 한 나라와 국민뿐 아닌, 세계와 인류 전체를 사멸의 무덤으로 재촉하는 무서운 적이다.

　소위 **동성 결혼은 나라와 국민, 세상과 인류의 죽음을 초청하고 연주하는 장송곡이다.**

　그것은 하나님의 법에 도전해 반역을 일으키는 대 재앙이다. 잠재적 모든 인간 존재들을 비존재라는 사멸의 골짜기로 영영히 몰아붙이는 가장 잔악한 방법, 겉으로는 감미로운 쿠키지만 국민과 인류를 사정없이 사멸의 늪 속으로 마구 잡아당겨 끌어내리는 가장 무서운 **유혹의 문**이다.

추악한 악마의 작전에 걸려든 이들은 '무'와 '흑암'이라는 비존재가 되기 위해, 하나님의 창조법과 자연법에 반역하면서, 사멸의 골짜기를 향해 손에 손을 잡고 행진해 들어간다.

그것은 극악한 적이다. 왜냐하면 인간을 소멸시키고 궁극적으로 **인간 존재들을 완전히 없애 버릴 수 있기 때문이다. 전능하신 하나님의 위대한 창조에 대한 대 폭동과 반란**이다. 소위 동성 결혼은 **오직 한 남자와 한 여자의 성적연합을 통해 형성되는 생명을** 근본적으로 차단하는 그러면서 인간 스스로 자기 멸망을 부추기고 자기 사멸을 촉구하는 어리석고 우둔하기 짝이 없는 미련한 생활 방식이다.

'우리는 인간이요. 짐승이 아니다.'

비록 짐승도 동성으로 결합해 줄곧 살기를 거절하면서 본능적으로 멸종 위기를 피한다. 짐승들도 하나님이 창조 시에 정해 놓으신 자연법칙에 따라 생명을 유지하면서 살아가는 것이다. 만일 위반한다면 존재의 벼랑 끝에 선다. 생명이 끝난다.

하나님이 정해 놓으신 법을 위반하고 동성 결합을 이루는 것은 끔찍하며, 이런 종류의 오싹하게 소름끼치는 삶을 국가에서 결코 합법화하지 말아야 함은 극히 자명하다. **그것은 진정한 가족을 깨뜨리는, 그래서 나라 전체를 흔들고 무너뜨리는 고도의 악한 전략이다.**

무기를 사용하지 않고도 육체에 치명적 질병을 일으킬 수 있고, 형성되기도 전에 국민을 확실히 없앤다. 이보다 더욱 완벽한 적의 승리가 있으랴. 동성 결합을 통해 이 나라 사람들은 점점이 없어진다. 물방울들이 마르듯이 사라진다. 이 세상에 태어날 미세한 찬스도 버렸기 때문이다.

성소수자(LGBT)를 끔찍이 양성하는 오바마는 이 나라 사람들이 아예 태어나지도 말아야 한다고 끔찍하게 대못을 탕탕 박아놓은 것이다. 이것이 성소수자의 엄정한 사실이다. 잔인한 방법, 비인간적인 방법, 건전한 인간을 병들게 하고 시름시름 죽어가며, 완전히 없어지게 만드는 생활 방식이다.

얼마나 나라와 국민을 마음으로 무시하고 사랑하지 않으면, 대다수의 열망을 도외시하고 그처럼 성소수자를 극도로 지원하고 양성할까…

전 뉴욕시장 루디 줄리아니(Rudi Giuliani)는 말했다,

"오바마는 미국을 사랑하지 않는다."

많은 사람들이 그 이상으로 비판했다. 4성 제독은 오바마의 행정부에 무슬림 조직이 침투했다고 나라의 위기를 거듭 경고했다("4성 제독 오바마의 반역을 비난하다"[4 – star admiral accuses Barack Obama of treaseon], 「유튜브」 등을 보라).

얼마나 젊은이들의 건강과 행복에 무관심하면 그처럼 성소수자를 지원하고 양성하면서 확장시킬까?

그래서 건전한 국민들이 비정상의 유해한 방식에 걸려들도록 부추길까?

이 나라 사람들은 '사멸이라는 불모의 깊은 암흑' 속에서 완전히 길을 잃고, 깊은 나락으로 비명을 지르면서, 비명을 지르면서, 끝 모를 바닥을 향해 떨어져 간다. 그들은 미세한 흔적이나 희미한 그림자도 만들 수 없는 채로 불모의 수렁 캄캄한 심연 속의 아스라한 계곡 저 아래로 비명을 지르며 영원히 떨어져 가고 있다.

생명을 이루어 오묘한 모습을 지니고 이 우주에 태어나 한 시민으로서 나라에서 또한 세계에서 놀라운 일을 행할지 모를 그들…그들은 인간 역사 뒷면에서 더욱 깊은 뒷면으로 멀고 먼 흑암 속으로 아스라이 아득히 사라져야만 한다. 생명을 이루어 보지도 못한 불쌍한 이들…수많은 그

들은 이 나라 안으로 들어오고 싶어도 접촉점이 없다. 기회를 처절히 박탈당한 그들…그들은 우리들 삶의 먼 뒤안길에서…그 보다 더욱 아득히 멀고 먼 칠흑같이 캄캄하고 깊숙한 흑암이 아가리를 벌린 깊은 계곡의 바닥 아래로 영원히 떨어져 가고 있다.

미국인의 처절한 패배! 그것은 정말로 완벽한 패배다. 반면 적들은 행복하게 미소 짓는다. 더 없는 쾌재를 부른다. 역사의 뒷면에서 암흑 속으로 영원히 떨어져 가고 있는 착한 사람들을 떠올리면서 악마들은 박수치고 환호한다. 사람들은 계속해서 흑암의 심연으로 떨어져 가야 한다.

"아! 살려주오…"

"내게 이 나라 사람으로 땅 위에 태어날 찬스를 주오!"

캄캄한 흑암으로 떨어지면서 그들은 소리소리 지른다. 얼마나 많은 사람들이 어두운 사멸의 깊숙한 계곡 나락 바닥 아래로 비명을 지르면서 떨어져 가야 하는가?

소위 동성 결혼은 인간 존속에 바늘구멍 보다 작은 찬스도 전혀 없는 가장 무서운 적이다. 하나님은 피조물 우리 인간에게도 하나님을 따라 **인간 존재를 탄생시킬 수 있는 최고 권리**를 허락하셨다. 그리고 우리는 오직 '결혼,' 즉 참된 결혼을 통해서만이 이 '최고 권리'를 누릴 수 있으며 고귀한 인간 생명을 출생시킬 수 있다.

인간 생명을 탄생시키는 것보다 더욱 소중하고 가치 있는 일이 무엇이랴?

만일 우리가 하나님이 우리에게 주신 인간 존재를 생성하고 출현시킬 수 있는 '최고 특권'을 대수롭지 않게 여기고 무시한다면, 그 결과는 이루 말할 수 없이 비참하게 될 것인데, 모든 나라와 모든 인류의 피할 수 없는 감소와 결국 온 인류의 재앙으로 이어진다.

'한 남자와 한 여자의 성스러운 연합'을 통해 '생명을 잉태하는 것'은 큰 축복이요 특권이다. '결혼,' 즉 '한 남성과 한 여성의 신성한 결합'을 통해 '여인이 임신하는 사건'은 하나님의 크신 축복이요, 끝없는 축복이며, 인간이 지닌 비교할 수 없는 으뜸 권리다.

인간이 지닌 이 최고 특권은 우주의 다른 무엇에 전혀 비교할 수 없으며 가장 소중하고 고귀하다. 불행히도 동성 커플들은 스스로 이런 축복을 잃어버리는 삶을 선택하였다. 아마 그들은 개인적인 자유와 쾌락에 더욱 가치를 둘 것이다.

그들은 동성 커플이 되기를 선택하였다.

아마 악마들이 여기저기 던진 달콤한 먹이들을 덥석 물고 먹었는지도 모른다.

불나방이 죽음을 모르고 타오르는 불길의 유혹에 견디지 못해 불꽃 속으로 뛰어들 듯, 그들은 무언가 매력 있어 보이고 거부하기 어려운 유혹의 불꽃을 보면서 참지 못하고 덫에 걸려들었을 것이다. 마약의 이상한 정취에 중독되듯, 달콤해 보이는 쾌락과 미소들에 방향 감각을 상실했을 것이다.

에덴동산에서 뱀은 여인에게 달콤한 감언이설로 추파를 던졌다. 하나님이 먹지 말라고, 먹으면 틀림없이 죽는다고 금지시킨 '동산 중앙에 있는 열매 선악과'를 먹어도 좋으며, 죽지 않는다고 유혹하였다.

"하나님이 정말 '동산의 어떤 나무 열매도 먹지 말아야 한다'고 말씀하셨느냐?"

간교한 뱀은 물었다.

"'동산 나무들의 열매를 먹을 수 있지만 동산 중앙에 나무 열매는 먹거나 만지지도 말아야 한다. 그렇지 않으면 죽으리라' 하셨어."

여인이 대답했다.

"그렇지 않아, 열매를 먹어도 확실히 죽지 않아…오히려 네 눈이 열려 하나님처럼 선과 악을 알게 되지…."

여인의 마음이 흔들린다. 나무 열매를 바라본다. 먹기 좋고 보기 즐겁고 지혜를 줄 것 같다. 그녀는 견디지 못하고 얼마를 따서 먹었다(창 2:16-17; 3:1-7). 함께 있는 남편에게도 주었다. 여인은 뱀의 유혹을 단호히 배격하지 않았다. 금지한 열매를 바라보면서 거절할 수 없는 매력을 느낀다. 그래서 하나님을 거역하고 열매를 따먹는다!

이 여인처럼 그들은 아마 동성애가 정상이요 자랑스럽다고 부추기는 뱀들의 속임수에 넘어갔는지 모른다. 하나님은 동성애를 죄라고 확실히 단언하고 그런 가증한 죄를 짓는 자들이 죽을 것이라고 분명히 말씀하셨으나, 뱀들은 죄가 아니며, 결코 죽지 않는다고 먹으라고 꾀인다. 그런 뱀들의 꼬임에 넘어가 거세게 끌리는 매력을 느꼈는지 모른다.

특별히 버락 후세인 오바마처럼 '자랑스러운 게이의 날'(게이 프라우드의 날)을 만들어 백악관에 초청하고 '자랑스러운 성소수자(LGBT)의 날' '성소수자 양성'을 공공연히 외치고 드높이는 비정상적인 악한 정책에 잘못 이끌린 희생물인지도 모른다.

무엇이 자랑스러운가?

수컷끼리 연합하는 것이 자랑스럽다?

억지로 성전환한 것이 자랑스럽다?

수컷 돼지를 암컷 돼지로 성전환 수술한다고 해서 그것이 정말 암컷 돼지가 되는가?

수컷도 아니고 암컷도 아닌 비정상을 만들어 동물을 학대하는 것 아닌가?

'자랑스러운 성소수자'라니…정말로 어이없는 표현이다.

성전환자(transgender)가 자랑스러운가?

성전환 수술을 한다고 남자가 정말 여자로, 여자가 정말 남자로 될 수 있나?

허상일 뿐이다.

수탉을 암탉으로, 암탉을 수탉으로 성전환 시킬 수 있나?

겉모양을 아무리 바꾸어도 천부적으로 타고난 본래의 성을 근본적으로 변경시킬 수 없지 않은가?

여성을 남성으로 또는 남성을 여성으로 성전환하려는 수술은 대단히 비합리적인 것이며, 불가능한 허상을 따라, 여성도 남성도 아닌 비정상 인간을 인위적으로 조작하는 불안정한 것이다. 이런 인공적인 시술에 얼마나 위험한 부작용이 따라올지…비합리적인 악한 시도로 말미암아 얼마나 인류가 위기에 빠지는지…그대들이 수퇘지를 암퇘지로 성전환 시킬 수 없다면, 무모한 위험을 인간에게 시도하지 마라! 인간을 망치는 무서운 범죄요 죄악이다.

동물에게 성전환이 가능하지 않으며 또한 성을 바꾸려 시도하는 것 자체가 매우 잔인하고 악하다. 인간사회를 비정상의 불안정한 사회, 잠재된 위험이 무한히 도사린 예측 못할 곳으로 만드는 것이다. 동물에게 성전환을 한다고 시도한다면 그 동물은 예측 불허한 낯선 존재가 되어 동물의 세계에 큰 위험을 가져 올 수 있다. 원숭이에게 성전환 수술을 시도하는 것은 잔혹하고 끔찍한 처사다. 다시 태어나지 않는 이상 자연적으로 주어진 본래의 성은 바꾸어지지 않는다.

동성애나 성전환은 창조와 자연질서를 파괴하고 무질서와 혼란을 조성하는 사탄의 악한 행위임이 분명하다. 성서에 가증한 죄로 표현된 행위들을 오바마가 자랑스럽다고 한껏 치켜세운다. 그래서 마음이 여린 젊은 이들을 죽음의 골짜기로 유혹하고 있다.

인간에게 해로운 비정상의 삶을 정상인 것처럼 호도해서 '자랑스러운 게이,' '자랑스러운 성소수자'라고 공공연하게 추켜세우는 오바마는 많은 젊은이들을 병들고 죽어 가게 만들면서, 나라와 인류 종말을 선도하는 악의 길에 서 있음이 분명하다. 그는 그런 악에 더 보태서 아예 동성 결혼을 반대하는 기독교를 미국의 적이라고 홀로 선언한다. 나라 안에 이루 말할 수 없는 분열과 갈등과 싸움을 일으킨다.

그는 하나님의 말씀과 법칙을 정면 대적하고 거꾸로 젊은이들이 비존재의 고통과 사멸의 길로 가도록 인도하면서 부추긴다.

악마의 유혹을 수용해 동성 결합의 삶을 선택하면서 사랑스러운 아기를 잉태할 어떤 가능성도 그대들은 스스로 저버렸다. 하나님의 인간 창조를 무시하고 거역하고 심지어 반항하며 파괴하고 역행하면서, 그대들은 하나님이 창조 시에 명령하신 **'생육하고 번성하여 땅에 충만하라!'**는 말씀을 완전히 거꾸로 이행하고 있다.

그대들은 '생육하지 않고 번성하지 않으며 땅에서 감소하면서 줄어든다.' 그대들은 생육하지 않고 번성하지 않기를 선택하였고 점점 더 감소해서 땅 위에서 인간 존재가 완전히 사멸될 때까지 감소되고 줄어들기를 선택하였다.

그대들,
순진한 그대들
어리석은 그대들
겁을 모르는 그대들
땅 위에서 사람을 소중하게 여기지 않은 그대들

광대한 우주공간에서 인간 존재의 고귀함을 망각한 그대들….

그대들은 어찌하여 창조주의 명령과 정반대의 방향을 향하여 역으로 돌진해 가고 있는가?

그대들은 어찌하여 하나님의 명령에 반역을 부추기는 악마들의 유혹에 그리도 쉽사리 넘어가 인생을 비정상으로 살면서 비참하고 고통스러운 질병과 자녀가 없는 외로움 속에 생을 마감하려 하는가?

적군은 쉬지 않고 부단히 공격한다. 마치 동성애가 21세기에 큰 자유와 인권인양 포장하면서 먹이들을 여기저기 던진다. 악마는 '자랑스러운 성소수자(LGBT)'라는 속임수를 젊은이들에게 퍼뜨린다. 망설이던 젊은이들은 부추김에 넘어가 정말 자랑스러운 줄로 착각하면서 더 이상 주저하지 않고 유혹의 그물 속으로 빠져 들었다.

더욱이 악마는 한번 성소수자의 그물에 걸려들었으면 영원히 성소수자이어야 한다고 부추기면서 온갖 수단을 동원해 성소수자 안에 젊은이들을 가두어 버리고자 한다. 젊은이들을 정말로 사랑하는 부모들과 교회와 친구들이 그들을 해로운 성소수자에서 탈출시켜 다시 자연적인 건강한 삶으로 돌아올 수 있도록 사랑으로 이끌려는 방식을 오바마는 금지해 버렸다.

> 너희들 다시 자연적인 행복한 삶으로 돌아오지 말고 성소수자로 평생 그렇게 살아라. 평생 부자연스러운 삶을 살다가 자녀 한 명도 낳지 말고…병들어 그냥 죽고 말아라!

오바마의 명령이다!

젊은이들 건강하게 살지 마라. 남자는 여자로, 여자는 남자로 고통스러운 성전환 수술을 하고 그렇게 성을 억지로 바꾸고 살아라. 그것이 자랑스럽다.

오바마의 명령이다!

신앙이나 윤리가 무슨 소용이랴. 동성애는 자랑스러운 것, 양성애자로 살아라. 성전환자로 살아라. 아주 좋다.

오바마의 명령이다!
지도자가 이처럼 나라와 국민을 범죄와 타락으로 이끌고 무너뜨릴 수도 있다는 사실에 대해 우리가 이전에 상상이라도 해 볼 수 있었을까?

친부와 계부 두 아버지가 모두 전통 있는 무슬림이요, 비기독교 인문주의 어머니와 함께, 소년 시절을 아버지를 따라 인도의 무슬림 가정과 환경에서 성장하고 배운 자가 윤리적이고 모범적인 건전한 나라와 국민들의 삶을 계속 비윤리적으로 망가뜨리고 있다.

자연적이고 건강한 행동이 아닌, 비자연적이고 건강을 해치는 삶을 적극 지원하면서 보호한다. 그러면서 자연적이고 건강한 사람들의 삶을 파괴한다. 부도덕한 지도자가 우리 젊은이들을 악마의 하수인으로 만들고 있다. 그들의 생애를 망치고 있다.

청년들이여, 해로운 비정상의 생활을 적극 지원하고 퍼뜨리면서 가정과 삶을 파괴하는 자에게 넘어가지 마라. 그대들 부모의 눈에 눈물 흐르게 하고 그대들 인생을 비정상으로 자꾸 망가뜨리는 악마에게 넘어가지 마라! 창조주의 법을 어기라는 파괴자, 악의 선동자에게 넘어가지 말라!

소위 동성 결혼은 하나님이 위임하시고 부여하신 '신성한 결혼의 책임'과 '신성한 가족의 책임'을 전혀 망각하고, 개인 중심의 이기주의적 생활을 따르면서 '하나님의 거룩함을 욕되게 하는 행위'다. 하나님이 우리에게 위임하신 '신성한 결혼'과 '신성한 가족'에 대한 사명을 저버리고 거역하면서 더럽히는 행위다.

그들이 하나님의 '창조 명령'을 무시하고 자신에게 주어진 '생육과 번성'의 임무를 완전 망각 할 때, '인간 종말'의 대 재앙이 그림자처럼 따라온다.

하나님의 말씀을 자의로 해석하면서 하나님의 법을 외면하고 거역하는 뒤틀린 쾌락과 이기주의적 생활의 끝은 '모든 인류의 죽음'이다.

'거기서 당신과 나, 우리 인간 모두가 함께, 어쩔 수 없이 점차 무덤을 향해 걸어갈 것이다.'

동성 커플의 생활 방식은 창조주의 말씀과 법칙, 국민의 생존과 번영, 세계 인류의 존속에 전적으로 위배된다. 게이와 레즈비언이 늘어날수록 나라 국민과 세계 인류는 쇠퇴하고 감소한다. 그것이 친게이나 친레즈비언이 곧 직면해야할 엄연한 사실이다.

그래도 그대들 마음속으로 아무렇지 않다고 단지 고집할 수 있는가?

그대들이 선택한 행위들이 나라와 인류를 약하게 만들며…사람들을 파국으로 서서히 끌어당긴다. 결국 온 세계 인류를 쇠퇴시켜 대 죽음의 무덤으로 서서히 인도한다. 그래도 그대들은 편안한가?

그래도 오바마는 '자랑스러운 게이' 또는 '자랑스러운 성소수자'라고 부추기면서 젊은이들을 병들게 하나…

소위 동성 결혼이 늘어날수록 불가피하게 국민은 쇠퇴하며, 약해지고, 결국 사라질 엄정한 실재에 직면한다. 그리고 동성 결혼을 금하지 않는 나라는 쾌락과 타락이 판을 치고 신앙과 도덕과 가치관의 몰락, '국민들의 쇠퇴'와 궁극적으로 '**나라 자체의 멸망**'이라는 비극적 운명에 놓여있다.

그것이 왜 이전에 모든 주에서 동성 결혼을 금했는지의 이유다. 그것이 왜 모든 주에서 동성 결혼을 합법화할 수 없는지의 이유다. 그것이 왜 한국에서 동성애를 거부해야 하는지의 이유다. 그리고 그것이 왜 세계의 나라들이 동성 결혼을 금지했으며, 온 세계가 동성 결혼을 금지해야 하는지의 이유다. 그것이 왜 러시아의 푸틴이 동성애를 반대하는지의 이유다. 국민이 건강하고 번성하기 위해 '동성 결혼을 금지해야' 했다.

왜냐하면 성소수자가 증가할수록, 인간 육체는 병들고, 수명은 줄어들고, 인구는 감소할 것이기 때문이다. 그에 따라 인간의 사고방식도 비정상으로 변하기 때문이다. 땅 위에 사람이 점차 줄어들며 비정상적인 상태로 바뀐다.

비정상의 성소수자를 정상으로 간주하면서 열성적으로 지원한다면 인류는 병들고 서서히 마비되면서 현격히 줄어든다. 비정상의 삶을 사는 인간 정신도 비정상으로 이상하게 변해간다. 또한 비정상의 삶을 계속 바라보아야 하는 인간정신 역시 부정적으로 불건전한 영향을 받게 된다. 비정상의 삶을 사는 사람들은 자신도 모르게 건전한 판단력을 상실할 수 있다. 왜냐하면 병든 육체는 정신에도 영향을 주기 때문이다. 비정상에 둘러 쌓여있으면 스트레스를 받으며 정상적인 판단력을 상실하고 불안정한 사고나 행동을 시도할 수 있기 때문이다.

비정상의 성소수자를 열성적으로 지원한다면, 창조질서와 자연질서가 파괴된 가운데 인간 존속 그 자체가 대 위기에 처한다. 그때 우리 모든 사람들은 '**인류 멸종**'이라는 죽음의 대협곡을 향해 손에 손을 잡고 행진할 것이다.

'우주여, 잘 있거라!'(Farewell the Universe!)

제3장
제한성들

1. 용어 '동성 결혼'에 결함이 있다

　소위 동성 결혼에는 진정한 신부나 진정한 신랑이 없다. '신부는 이제 막 결혼을 하려하거나 새로 결혼을 한 **여인**이다.' 그리고 '신랑은 결혼을 하려하거나 최근에 결혼한 **남자다**'(위키백과).
　인간의 오랜 역사와 전통 속에서 결혼식에 '신랑과 신부'가 있어야 한다는 것은 가장 소중하고 기초적이며 변함없는 진실이다. 인류의 오랜 역사와 전통 속에서 지속적으로 시행되어온 결혼의 참된 의미에 비추어 보아도 두 여자 또는 두 남자는 결혼식을 할 수 없다. 그것은 결혼이 아니다.
　소위 동성 결혼에는 참된 신부나 참된 신랑이 없는 것이다. 그래서 '동성 결혼'이라는 용어 자체에 문제가 있다. 결혼이 성립되려면 최소한 신부와 신랑이 있어야 한다. 우리가 동성 커플을 '신랑과 신부'로 부르는 것은 정확하지 않을 것이다. 레즈비언 커플은 정말 신랑이 없으며, 그러므로 정말 신부도 없다. 여인은 기본적으로 신부가 될 수 없는데, 왜냐하면 거기에 신랑(남자)이 없기 때문이다.

동성 커플이 결혼 할 때 예식장에서 벌어지는 일들은 마치 배우가 연기하는 장면처럼 보인다. 배우가 각본에 따라 연출하는 듯하다. 그들은 특징상 참된 신부나 참된 신랑이 아니기 때문에 결혼에 정말 실체가 없는 것 같다.

거기에 결혼의 신성함이 없다. 거기에 진실성이 없다. 참되고 아름다운 순수성과 고결함과 거룩함이 없다.

그것은 신랑이나 신부로서 임의적인 연기를 하는 것과 비슷하겠다. 그리고 똑똑하고 지성적인 게이나 레즈비언이 이에 대해 어느 정도 잘 알고 있으리라고 우리는 믿는다.

결혼식에서 그들은 참된 신랑도 아니고 참된 신부도 아니지 않을까?

'두 남자' 또는 '두 여자'가 어떻게 신랑과 신부가 되고 또한 어떻게 남편과 아내, 즉 부부가 된다는 말인가?

그러므로 결혼식에서 하나님에게 축복 받은 진실한 신랑과 신부의 모습을 볼 수 없다. 비록 동성 커플이 참된 신부처럼 보이려 하고 참된 신랑처럼 되려고 애쓰지만, 그들이 그렇게 될 수 없다. 그리고 그것은 우리들 모두에게 가슴 아프고 슬픈 이야기다.

2. 동성 가족은 참된 가족이 아닐 것

동성 가족은 어느 면에서 모조품과 같다.

우리 친구 게이 레즈비언 여러분!

우리는 예수 그리스도 안에서 형제요 자매입니다. 당신들이 집에 왔을 때 일어날 한 장면을 상상해 보세요. 지금 게이나 레즈비언일지도 모르는 당신들은 아마 '엄마와 아빠'가 여러분을 반기는 정상적인 가정에서 자랐을 것입니다. 부모님으로 인해 여러분들이 이 세상에 태어날 수 있었고, 아빠와 엄마가 그처럼 사랑스러워한 아기였던 여러분들은 이제 당신들의 부모님들처럼 장성한 어른이 되었습니다.

당신에게 인간 존재의 모습과 생명을 형성시켜준 엄마와 아빠에게 감사하세요. 물론 하나님의 창조법칙을 따른 것으로 하나님이 모든 인간 생명의 주인이십니다.

"당신의 부모님은 하나님의 창조법, 하나님이 창조 시에 설정해 놓으신 자연법을 따르면서 인간 생명을 탄생 시킬 수 있었습니다."

그래서 여러분들이 지금 지구라는 아름다운 정원에 생존하고 있습니다. 그대들의 부모님들로 인해, 그대들의 부모님들에 의해, 당신이라는 인간 존재가 있을 수 있었습니다. 만일 당신이 집에 돌아 왔을 때, 게이나 레즈비언 커플이 당신을 반긴다고 상상해 보십시오. 당신의 엄마가 여인처럼 꾸민 남자입니다. 이 남자는 여인처럼 보이려 노력하면서 때로 여인의 장식품을 걸칩니다. 때때로 여인의 음성처럼 소리를 내면서 당신에게 손짓 하며 말을 건넵니다.

당신의 기분은 어떨까요?

무엇을 느낄 수 있으며, 당신에게 떠오르는 생각은 무엇일까요?

당신은 여인처럼 보이려고 노력하지만 사실은 남자인 그의 얼굴을 보면서 매 순간 무엇을 상상할까요?

또는 당신이 집에 오니까 두 남자가 서로 아빠라고 하면서 맞아준다고 상상해 보세요. 당신은 엄마 없이 두 남성을 아빠라고 불러야 합니다.

"왜 아빠가 둘이어야 할까?"

당신은 좀 부자연스럽고 당혹스러우며 이상하고 생소한 기분마저 느낄 것입니다.

"무언가 이상하다!"

다시금 이런 상황을 상상해 보세요.

당신의 엄마는 여자처럼 보이는 남자입니다. 그러나 실제로 그는 여인이 아니며 그러므로 엄마도 아니지요. 아빠도 마찬가지입니다. 당신의 아빠는 진정한 아빠가 아닙니다. 만일 그대의 엄마가 레즈비언이었다면 확실히 그대는 태어나지 않았을 것입니다. 그리고 만일 그대의 아빠가 게이었다면 분명 그대라는 인간 존재는 이 세상에 결코 없을 것입니다. 그렇다면 그대는 이 아름다운 지구, 하나님의 정원에, 결코 존재할 수 없었을 것입니다.

정확히 바로 **당신의 엄마와 아빠** 때문에, 다시 말해, "서로를 사랑한 한 여인과 한 남성이 결혼을 했기 때문에, 지금의 그대가 이 세상에 태어날 수 있었습니다." 그리고 한 남성과 한 여성이 연합해 이루어 온 사랑과 돌봄 속에서 그 사랑과 보살핌 덕분에 그대는 지금까지 성장할 수 있었어요.

그러므로 그들이 레즈비언이나 게이가 아니었던 것에 대해 엄마와 아빠에게 감사 하세요! 만일 그들이 그랬다면, 그대의 부모들도 지금의 그대들처럼 결코 당신을 잉태하지 못했을 것이요, 그대를 이 세상에 들어오도록 할 수 없었을 것입니다. 결국 당신들은 여기 이 땅 위에 없었겠지요.

당신들과 나는 지금 여기에 생명을 지닌 인간으로 존재하고 있어요. 우리가 생명있는 인간 존재로서 지금 활동할 수 있게 된 것은 무엇보다도 **우리의 부모들이 동성 커플이 아니었기 때문입니다.**

다시금 당신이 집에 갔을 때 아빠가 여자라거나 아니면 아빠 없이 두 엄마가 맞아 준다고 가정해 보세요. 그리고 사실 그 두 명의 여인을 그대가 엄마라고 부를지 모르지만 정말 엄마가 아님을 알고 있어요. 두 여인에게 엄마라고 부를지 모릅니다. 하지만 사실 두 명 모두 그대와 피와 살을 나눈 엄마는 아닙니다.

이 세상에 당신이 태어날 수 있도록 생명을 낳아 주고 얼러 준 정말 엄마가 어딘가에 있어요. 그런데 동성 결혼이라는 낯선 울타리 안에서 한 사람이 아닌 두 명의 엄마가 있다면 그들에게서 모성의 순수성과 진실성을 느낄 수 없을 것입니다. 아니면 아빠가 남자처럼 꾸민 여인일 수 있어요.

만일 두 여인을 엄마로 부르거나 아니면 남자처럼 꾸민 여인을 아빠라 불러야 한다면 기분이 어떨까요?

그것이 그대에게 아무렇지도 않을까요?

그대가 집에 왔을 때 두 명의 아빠가 아니면 두 명의 엄마가 기다리고 있다고 가정해 보세요.

그것은 가족에서 비정상적이지 않아요?

"벼락 후세인 오바마는 그런 것이 정상이고 장려할 일이며 모든 주에 합법화 되고 대한민국에서도 세계에서도 인정해야 한다고 주장할 수 있습니까?"

어떤 느낌이 들까요?

아마 '두 남자' 또는 '두 여자'의 부자연스러운 모습, 연기나 연출 비슷한 행동에 무언가 이상스러움을 느낄 것입니다. 그때부터 그대의 사고력과 정서에 무언가 비정상적인 싹이 트고 비정상적으로 세상과 사물을 바라보기 시작할 것입니다. 정신과 정서가 암암리에 잘못 형성되기 시작할 것입니다.

동성 가족은 참되고 진정한 가족이라기보다 거의 가족에 대한 유사한 연극처럼 보입니다. '이상한 가족,' '정상이 아닌 가족,' '문제 있는 가족'

또는 '돌연변이 가족'에 대한 연기로 보여요. 가족 안에서 거의 연극이 진행 중인 것처럼 보이네요.

그리고 아이들은 그들의 체험을 통해 모조품, 정품이나 진품이 아닌 무엇도, 우리의 인생에서 별문제 없다는 것을 은연중 가르침 받게 될 것입니다. 성서의 말씀과 도덕이나 법을 무시하고 자연질서를 깨뜨리는 기괴한 생활을 해도 괜찮다는 교훈을 받아요. 비정상적인 환경에서 정말 엄마나 아빠 없이 자라는 아이들은 암암리에 병들고 이상해 질 것입니다.

3. 참되지 않은 부모: 어떤 외형상의 부모

동성 커플 가족에는 어떤 외형상의 부모는 있더라도 진정한 부모는 없을 수 있다. '두 엄마'나 '두 아빠'는 사실 부모가 아니다.

그렇지 않은가?

그럼에도 불구하고 아이들에게 가정에서 '두 엄마'나 '두 아빠'가 아니면, '남자 엄마' 또는 '여자 아빠'를 부모로 인정하도록 강요하는 것은 얼마나 잔인하고 불법적인 처사인가?

어떻게 엄마가 둘이란 말인가?

어떻게 아빠가 둘이란 말이냐?

남자를 엄마라 부를 수 없고 여자를 아빠라 부를 수 없지 않은가?

어떻게 가족이라는 실체를 그처럼 억지로 뜯어 맞춘단 말이냐?

그런 것은 아이들의 정서와 인격 형성에 심각한 문제를 일으킬 수 있다. 그런 비정상의 이상한 환경들이 아이들로 하여금 정상적인 사고를 하지 못하도록 만들고 비뚤어진 인간으로 만들 수 있다.

사랑하는 게이와 레즈비언 커플이여!

그대들은 아들이나 딸을 잉태할 수 없으므로 그대들 '자신의 자녀들'을 낳을 수 없어요. 불행하고 슬프게도 그것이 사실입니다. 그래서 그대들은 '정말 엄마나 정말 아빠가 아닐 수 있습니다.' 당신들은 소중한 아기를 잉태하기를 원천적으로 무시한 자이거나 아니면 인간 생명을 지속하고 일으키는 특권을 포기한 사람입니다. 그런데 이 세상에서 '인간 생명보다 더욱 귀중한 것은 없다'는 사실을 그대들 모두 알고 있어요.

인간 생명은 만물들 위에 있는 가장 고귀한 것이며 이 우주에서 모든 피조물들 위에 있는 것입니다.

"이 가장 고귀한 인간 생명은 한 남자와 한 여자의 결합인 결혼을 통해 그리고 잉태와 해산의 고통을 통해 옵니다."

잉태의 인내와 해산의 고통이 없이는 인간 생명이 태어나지 못하지요.

"하나님의 형상대로 창조된 인간은 우주에서 가장 고귀하고 특권을 지닌 영적 존재입니다."

인간 생명은 측량할 수 없이 가장 고귀하고 소중하며, 우주에서 모든 만물에 앞서 제일 중요한 것이지요. 그래서 당신들 동성 커플이 가장 고귀한 것 즉 '인간 생명을 일으킬 수 있는 자신들의 독특한 능력과 특권을 포기한 것'은 유감스럽습니다.

만일 금이나 다이아몬드가 당신의 방에 있다면, 그것 역시 포기하겠습니까? 당신의 방에 있는 커다란 다이아몬드들을 무시할 수 있어요? 어떤 다이아몬드나 금도 '인간 생명'보다 소중할 수 없지요. '인간 존재'는 아주 큰 다이아몬드보다 훨씬 값지고 소중해요.

만일 당신들이 그 사실을 인정한다면, 그대들은 결코 아기를 출생하는 권리를 포기하지 않았을 겁니다.

당신들이 아들이나 딸을 잉태할 수 없으므로, 정말로 부모가 될 수 있는 찬스를 또한 포기하였어요.

결과적으로 아이들에게 어떤 비정상적인 정서를 전달해 줄 수 있습니다. 처음부터 아이들에게 마치 그대들이 '가족'이라는 드라마를 연출하는 배우인 양, 연기하는 모습(비진실한 행동들)을 보여 주는 것 같아요. 아이들에게 분장한 배우처럼 어떤 연기를 가르쳐요. 보는 것은 배우는 것입니다. 그대들은 아이들에게 만일 우리 인생에, 우리 가정에, 우리 공동체에, 사회에, 또한 국가에도 무언가 비진실성이 포함된다면, 그래도 아무 문제없다는 것을 가르칩니다. 성실성과 진실성이 없어도 아무 문제가 없다는 것을 가르쳐요. 오히려 참되거나 진실할 필요가 없다고 가르치네요.

처음부터 아기나 아이들은 마치 배우들의 연기처럼 인생이 연극 상연에 연관된다는 것을 바라보지요. 또한 인생이 정품이나 진품이 아닌 모조품에 관련된다는 것을 매일의 가족생활에서 바라보게 됩니다.

우리의 인생이 모조품이나 연기로서 충분한 것인가요?

4. 비극이 시작되다

　동성 커플들이 아이들에게 왜곡된 비정상의 생활 모습을 보여주는 것은 비극이다. 어린아이들에게 비극이 시작된다. 그들은 매우 어린 나이부터 자신들이 성장하는 가장 중요한 바로 그 가정에서 '가장된' 또는 '사실이 아닌 행동'을 보면서 배운다. 그리고 그들이 가족에서 배우는 것으로부터 공동체에서 또한 국가에서 어떤 비정상적인 삶의 모습을 시행할 수 있다.

　그들은 부모들이 행동하고 움직이는 것을 보면서 자란다. 그리고 동성 부모들은 가족 구성원들에게 훌륭한 부모의 모델이 아니다. 아이들은 부모의 '꾸민 행동들'을 체험하면서 좀 별나고 이상한 환경에서 자라게 된다. 비정상적으로 '두 아빠'나 '두 엄마'를 지닌 기울어진 가정에서 그들의 생활 모습을 바라보면서 성장한다.

　결과적으로 동성 부모는 아이들에게 인생 전체에서 진실하라고 또는 정상적으로 살라고 교훈하기 어려울 것이다. 그들 자신부터 일상생활에 진실성과 순수성이 모자라기 때문이다.

　게이 또는 레즈비언 부모들이 자녀들에게 보여주는 것, 즉 그들의 좀 '괴이한 생활 방식'은 그 속에서 자라는 자녀들에게 '본보기'로 주어진다. 그래서 자녀들이 모방하고 따르도록 가르침을 준다. 보는 것은 배우는 것이기 때문이다. 자녀들은 부모로부터 그런 '이상한 생활 방식을 배운다. 아마 그런 삶이 가치 있고 좋은 것인 줄 잘못 판단하는 자세마저 배우리라.

　동성 부모 가족의 아이들은 모조품과 진품이 함께 섞여 구분이 불가능한 가족 환경에서 자란다. 진품과 유사품이 애매한 형태로 함께 얽혀 있어 참된 것과 거짓된 것, 정품과 모조품 사이에 정확한 구별을 할 수 없다.

아이들이 어려서부터 비정상으로 돌연변이 같은 이상한 가정 환경에서 자라야 한다는 것은 대비극이다. 아이들이 매우 불쌍하다. 정서적으로 정신적으로 암암리에 나쁜 영향을 받을 것이다. '엄마'와 '아빠' 앞에서 방긋 웃으면서 재롱떠는 아기들과는 달리, 두 남자나 두 여자 앞에서 어색한 얼굴로 바라보아야 한다. 참된 엄마가 아닌 인위적인 '두 엄마'나 '두 아빠' 아래서 성장하는 아기들…얼마나 불쌍한가.

아기들은 성장해 아이들이 되고 순수한 아이들은 그들의 가족이 '거짓과 진실이 혼합된 가족'임을 바라본다. 그리고 '모조품'과 '진품' 즉 '거짓'과 '진실'이라는 그 두 차원이 가족 내에 병렬하고 있으며 결코 다른 차원을 줄이지 못한다.

결과적으로 아이들은 가짜 모조품이 진품 즉 진정한 인생(예를 들어 정말 엄마와 아빠와 자녀들로 구성된 가족)과 동등한 가치를 지닌다고 배운다. 아이들은 진품에 더욱 가치를 둘 수 없다.

그들의 생각과 느낌과 가치관이 건전하게 형성되지 못하리라.

정말 다이아몬드와 가짜는 같은 것일까?

아이들은 결혼에서 그런 차이를 잘 구별하지 못할 것이다. 비뚤어진 정서와 가치관을 지닌 인간, 사리를 정확하게 판단할 수 없는 혼동된 정신을 지닌 사람으로 성장할 수 있다. 비극이다. 아이들이 비정상의 '게이나 레즈비언 부모' 아래서 자라는 순간부터 생애에 비극이 시작된다. 균형을 잃은 가정, 한편으로 치우친 가정, 진실이 결핍된 가정, 도덕과 신앙과 절제의 미덕이 상실된 가정환경은 자녀의 인격과 정서 형성에 큰 장애를 일으킬 것이다.

사람은 가정에서 부모의 태도에 많은 영향을 받는다. 자녀들에게 정상이 아닌 환경은 직접 간접으로 인간성 형성에 많은 영향을 미친다. 정상적이지 못한 가정환경은 자라는 아이들의 사고나 태도 형성에 비정상적이고 나쁜 영향을 미치며, 아이들의 순수하고 여린 마음에 상처와 아픔을 새겨 줄 것이다. 그런 장애는 공동체와 사회에 끈끈이 같이 악영향을 파급하게 될 것이다.

아이들은 '혼합되고 혼동된 가치관'을 형성하게 된다. 그리고 그런 가치관은 국가에 영향을 줄 수 있다. 예를 들어 그들은 결혼이 동성 결혼이어야 한다고 주장할지 모른다. 왜냐하면 그들 자신이 진품과 모조품이 동등성을 지닌 비정상의 환경에서 자랐기 때문이며, 또한 그 환경에서 소위 동성 결혼이 비정상이라는 것을 결코 배우지 않았기 때문이다.

그런 혼동된 판단과 자세는 공동체와 사회 구성원에게 불건전한 영향을 미치고 나라와 사회의 건강한 발전을 저해할 수 있다. 그들은 동성 부모들의 행동이 주는 교훈에서 진실성이나 도덕성에 대한 가르침을 받지 못하고, 건전한 구분 능력을 형성하지 못할 수 있기 때문이다. 그처럼 불건전하게 형성된 사고나 생활 태도는 공동체와 나라에 부도덕한 양식들을 파급하면서 인류를 타락과 쇠망으로 이끌 것이다.

사랑하는 게이 레즈비언 친구여!
당신들이 별스럽게 창조질서를 깨뜨리면서, 비정상의 가정을 이루어 아기를 탄생시키지 않고 동성 가족으로 살겠다는 결정은 한국과 미국에 위기의 적신호를 보냅니다. 국가와 세계에 적신호를 계속 보냅니다. 게이 한 가족이 늘면 위기 신호도 더욱 생겨요. 그 다음 또 한 가족이 늘면 위기신호도 또 하나 생깁니다.

게이나 레즈비언이 늘어날수록 위기를 예고하는 빨간 신호나 신호음도 계속 여기저기 늘어나고 퍼집니다. 동성 가족으로 살겠다는 그대들의 결단! 그 결단은 자신들을 비자연적으로 파괴하면서, 진정한 가족을 허무는 것입니다. 당신들을 낳아주시고 길러주신 부모 마음을 아프게 하면서 또한 그대들이 이룰 수 있는 '아름다운 가정'을 허무는 것입니다. 푸른 바다 물결이 잔잔한 해변가에 파도가 밀려와 모래성이 허물어지듯, 참된 가정의 꿈이 어이없이 무너져 내리는 것입니다. 가정이 무너지면 나라도 무너집니다. 한 가정을 허무는 것은 바로 나라를 무너뜨리는 것이지요.

자연질서를 파괴하면서 동성애로 별스러운 가정을 이루려는 이 기주의적이고 근시안적인 결단은 **개인과 가정을 비정상으로 만들고 사회와 나라에 정신적으로 도덕적으로 큰 혼란을 일으켜요.** 더 나아가 **세상과 인류 그 자체를 타락시키면서 몰락의 길로 이끕니다.**

그것은 별나고 이상한 삶이 주는 쾌락을 누리는 단순히 그런 부류가 아니지요?

그것은 나라에서 "**국민이 생육하고 번성하느냐, 아니면 퇴락하고 쇠망하느냐?**"

이 지구 위에서 "**인류가 결연하게 생존하느냐, 아니면 혼미 속에 사멸하느냐?**"

문제입니다. 나라와 백성이 또한 세계와 인류가 강성하고 번영하느냐, 아니면 병들고 쇠망하느냐의 이슈입니다. 상상해 보세요. 만일 당신들이 동성 부모 아래서 자랐다면 무엇을 느꼈을 것일까를…확실히 '분장한 엄마나 아빠'가 아니면 '두 엄마'나 '두 아빠'

를 쳐다보면서 그렇게 행복하지 않았을 것입니다.

지금 동성 가족 안에 살고 있는 아이들도 그래요. 그대들이 동성 결혼이라는 좀 억지스러운 괴상한 양식의 가족으로 살려는 결심으로 인해, 아이들은 암암리에 그늘지고 심신이 병들어가며 비자연적으로 성장해요. 건강한 사고와 가치관을 형성하기 어려울 것이며, 치우치고, 불행이 잇따를 수 있습니다. 아이들은 자라 성인이 되고 국민이 병들고 감퇴하면서 윤리관을 상실한 나라는 쇠약해 질 것입니다. 첫 단추를 잘못 끼우면 그 다음도 잘못되듯이, 소위 동성 결혼이라는 억지의 연합으로 이루어진 치우친 가정에서, 한번 시작된 비극은 대를 이어 계속 이어질 수 있습니다.

5. 국가를 흔드는 유혹과 위협

동성 가족은 자연적 부모와 자녀로 이루어지지 않았다. 자연 속에 사는 야생 동물들의 가족을 보라! 아름다운 꽃들이 만개하고 녹색의 나무가 우거진 자연의 숲에서 동물들은 엄마, 아빠, 새끼들이 필연적 연결 속에 함께 얽혀 있다. 그들은 본능적으로 가족을 보호하며 지키고 양육하는 모습을 볼 수 있다. 숲속에서 동물은 새끼를 보호하면서 아름답게 살아간다.

자연 속의 동물에서 '수컷끼리' 또는 '암컷끼리' 이루어진 가족을 보았는가?

'수컷끼리' 또는 '암컷끼리'는 아무리 모여도 가족을 형성할 수 없으며, 그냥 모여 있다가 죽어 없어지고 마는 것이 확실하다. 그것이 자연의 법칙이다.

'수컷끼리' 또는 '암컷끼리'는 가족이 형성될 수 없음이 분명하지 않은가?

그러므로 그것을 가족이라 부르지 말아야 함이 분명하지 않은가?

동성 커플은 본래 아기가 없는데 이것은 휘몰아치는 거센 태풍처럼 국가와 인류를 직접 강타하고 깊은 협곡이 늘어선 벼랑 끝으로 몰아간다. 그 세차게 불어오는 해로운 바람에 휩쓸려 사람들은 흔들거리면서 육체와 정신을 점차 잃어간다. 비정상적인 섹스의 습관화로 질병의 무리들이 틈을 노려 몰려들고 도덕적 타락의 어두운 검붉은 구름이 세상을 덮으면서 하늘 위로 붉고 시커멓게 퍼져 나간다.

질서를 잃은 본능적 욕구들이 마구 분출하여 높이 솟은 산도 대지를 덮은 바다도 몸살을 앓는다. 이것은 마치 제어당하지 않는 짐승들처럼 위험하고 문란하게 욕망을 발산하면서 자신들의 소중한 인생을 스스로 부수고 망가뜨린다. 그리고 다른 사람들도 무질서한 생활에 연합하도록 유혹한다. 그들은 하나님의 창조에 대 폭동과 반란을 일으켰다. 하나님이 창조하신 아름답고 좋은 세상을 무와 무질서의 혼란으로 몰고 가고 있다. 그들은 전혀 번성하지 않기로 결단했으므로 나라와 인류가 벼랑 끝으로 내몰린다.

소위 동성 결혼을 합법화하고 강요하면, 인구는 급격하게 줄어들어, 그 결과 나라도 힘을 잃고 쇠퇴와 몰락의 길로 내몰리게 마련이다. 동성 결혼이 널리 유행한다면 그런 나라는 질서가 흔들리면서 혼미와 혼돈 속에 국력을 상실한다. 갈등과 분열의 골이 여기저기 파이고 깊어진다. 신앙과 도덕성을 상실하고 타락하면서 하나님을 향해 대항하고 반역하는 죄를 하나님 무서운 줄 모르고 무모하게 계속 저지를 것이다.

소돔과 고모라의 사람들처럼 아우성치면서 상호 죄를 짓자고 유혹할 것이요, 그 죄악의 외침이 하늘에 닿아 하나님의 진노를 일으킬 것이다. 그때 인간에게서 참다운 '하나님의 형상'이 사라지고 쾌락과 이기주의로 물든 악마의 모습이 만연해진다. 악마의 미끼를 먹은 사람들은 하나님의 형상을 버리고 악마의 형상을 드러내면서 아우성치고 죄를 범한다.

신실하게 살려는 신앙인들을 유혹하고 핍박한다. 하나님의 형상을 지닌 사람들이 죄를 지으면서 양심의 가책을 느끼는 반면, 악마의 형상을 뒤집어쓴 인간들은 죄를 지어도 무서운 줄 모르고 오히려 자랑스러워하면서 (자랑스러운 게이의 날) 모든 사람들에게 가증한 죄를 감염시키려 한다.

그렇지만 **하나님은 공정하시다. 결코 하나님을 거역하고 하나님의 창조를 무너뜨리는 인간의 오만함과 죄악을 참고만 계시지 않는다.** 게이나 레즈비언이 하나님의 사랑 안으로 돌아와 정말 참되고 행복한 가정을 이루기를 바라시는 반면, 끝까지 하나님의 창조법에 반역하는 인간들이나 소돔과 고모라를 따르는 공동체들과 국가들은 **처절한 멸망이라는 심판**을 받는다. 성병 에이즈(동성애자는 에이즈에 걸릴 확률이 200배 높음)가 개인의 심판에 대한 하나의 본보기가 될 수 있을 터인데, 어쩌면 더 무시무시하고 혹독한 질병이나 파멸이 동성애자들에게 따를지 모른다.

동성애를 주장하면서 하나님의 말씀과 법칙에 반역하는 공동체, 국가들에 소돔과 고모라처럼 불과 유황의 심판이 있으며, 어쩌면 더욱 무시무시한 심판이 있을지 모른다. 성서에서 본보기로 보여주는 소돔과 고모라 도시를 향한 하나님의 분노와 대대적인 심판 외에도, 21세기에 하나님의 법을 어기고 동성애를 미화하고 합법화하면서 진실한 기독교인들을 탄압하는 그들과 공동체와 도시와 나라들에 그보다 더한 심판이 따를지 모른다. 그들은 점차 태양이 지고 나서 그림자도 사라지듯이 땅 위에서 사라질 것이며, 영원히 흔적도 없이, 아무런 흔적도 없이 사멸할지 모른다.

오늘날, 하나님이 명백히 가증한 죄라고 선언한 행위들을 죄가 아니라고 선동하면서 임의로 해석해서 순진한 젊은이들을 동성애에 빠지게 만드는 나라 지도자들, 심지어 종교 지도자, 일부 신학자나 성직자는 하나님 무서운 줄 알고 정신을 바로 가다듬어야 할 시점이다.

그대들이 성서에서 명백히 심각한 죄로 선언한 동성애를 죄가 아니라고 부추기는 것이 얼마나 무서운 행동인지를…깊이 생각해 보았는가?

그대들이 성서 위에서 자신의 임의적인 해석으로 순진한 젊은이들을 해로운 동성애라는 죄로 빠져들게 하는가…그러고도 괜찮다고 생각하는가?

한 사람을 해로운 삶으로 이끄는 것이 하나님 앞에 얼마나 두렵고 떨리는 일이랴…그대들의 오만한 해석으로 많은 젊은이들이 유해한 삶으로 떨어진다는 무서운 현실을 깊이 자각하고 깨달아야 하리라.

만일 그대들이 구약성경과 신약성경에서 명백히 강조해 불신앙의 가증한 죄로 선언한 동성애를 죄가 아니라고 억지로 주장하면서 부추긴다면, 성서의 다른 부분도 그처럼 임의로 해석할 수 있다. 이것이 얼마나 잘못되고 하나님에 대한 신앙을 타락시키는 행위인가.

또는 성서와 하나님을 모독하거나, 소경이 소경을 인도하는 불행한 사태임을 그대들은 아는가?

모르는가?

하나님이 바라보고 계시며 우리들의 중심을 살피고 계시다는 사실이 무섭지 않은가?

동성애를 부추기는 지도자들과 동성애로 타락한 공동체나 인간들을 향한 하나님의 심판은 소돔과 고모라보다 더 무서울지 모른다. 적군은 겉으로 유별나고 화사하며 고혹적으로 보이기까지 하는 가운을 살포시 걸치고 미소를 함빡 머금은 채로 사람들 사이에 침투해서 국가 존재 그 자체를 사정없이 흔든다.

동성 결혼이 나라와 국민에게 무엇을 하나?

동성애가 대한민국에 무엇을 하나?

미국에 무엇을 하나?

왜 버락 후세인 오바마는 소위 동성 결혼을 모든 주와 이슬람 국가가 아닌 나라에 필히 정착시키려 기를 쓰는 걸까?

소위 동성 결혼은 최악의 일을 한다. 에이즈를 비롯한 여러 질병을 유발시켜 사람들의 몸과 정신을 해치고 병들게 만든다. 소위 동성 결혼은 가족과 공동체, 교회와 나라에 진실성이 모자란 비정상의 생활 방식을 침투시킴으로써 직접적인 여러 혼란을 일으키고 파괴한다. 인간 정신과 도덕성을 급속도로 타락시키고 추락시킨다. 그리고 부자연스럽고 이기주의적인 행동 방식으로 건전한 가치관과 전통을 서서히 또한 급속도로 무너뜨린다.

이것은 마치 정확한 방향을 잃어버리고 노선을 이탈한 커다란 선박처럼, 또는 항로를 이탈해 무한한 공간에서 길을 잃고 깊은 심연의 바다 물속을 향해 추락해 가는 항공기처럼, 미혹과 추락과 위기와 끝없는 혼돈의 심연 속으로 휘말리며 빨려 들어가도록 만드는 것이다.

오바마처럼 성소수자를 극도로 확산시킨다면 국민들은 여러 질병에 걸릴 것이요, 몸과 마음이 혼동되고 쇠퇴할 것이다. 질병과 갈등, 분열과 혼돈의 늪 속으로 깊숙이 빠져 들어가면서 그 후에 더욱 빨리, 그 다음에는 매우 급속도록 감퇴하고, 사멸할 것이다. 그리고 미래의 어느 시기에 지구상에서 점점이 사라지리라. 나라와 민족을 진정 사랑하는 사람들은 동성 결혼의 합법화에 결코 행복해 할 수 없다.

인간의 생성과 출현을 근원에서 완전히 막아버리는데, 그런 비인간적이고 잔인한 생활 방식에 어떻게 찬성할 수 있단 말이냐?

'동성 결혼은 나라와 인류를 캄캄한 죽음의 골짜기로 향해 몰고 가는 종결자(terminator)다.' 동성 결혼은 인간 생명의 종결자다.

동성 커플의 부자연스러운 삶의 방식으로 인해 나라와 민족의 역사, 나아가 세계와 인류의 역사는 진흙탕처럼 어지러워지고 혼란스러우며…흐려지고 혼탁해져서 더 이상 앞을 내다 볼 수 없는 혼미를 거듭할 것이다. 그리고 극도의 음탕과 혼동 속에서 하나님을 진노케 한 소돔과 고모라처럼 생명력이 단절되고 종결될 것이다. 이런 일은 바로 우리의 적이 정확하게 바라는 것 아닌가?

나라와 민족의 대 혼미, 그리고 파괴와 종결…이보다 더 완벽한 적군의 승리가 또 어디 있으랴!

전쟁 없이 나라와 민족을 완패시킨다!

미국인을 한국인을, 또한 세계 인류를 서서히 빈틈없이 제거한다.

적군의 완벽한 승리다!

사탄의 승리다!

사탄은 자연 생태계에서 인간 멸종을 일으키는 동성애를 나라와 민족 파괴의 최고 전략으로 사용한다. 동성애로 인간을 파괴함으로써 자연 역시 파괴된다. 인간과 자연 생태계 모두 파괴된다.

동성 결혼이 세계에 널리 지원되고 퍼진다면, **인간 생명이 땅 위에 더 이상 태어날 수 없다.** 자연 속에서 사람이 출생을 통해 우주 내에 등장할 수 없다면, 피할 수 없는 끝(종국)이 다가온다. 슬프든 기쁘든 우리 존재의 모든 이야기들이 종결에 이를 것인데, 어떤 인간 생명도 지구 위에 태어날 수 없고…어떤 인간 존재도 우주 안에 출현할 수 없기 때문이다.

하나님의 창조가 파괴되었다!

6. 인권을 파괴하기

　소위 동성 결혼은 '인간 생명을 생성하는 가장 소중한 인권을 보호하지 않는다.' 반면 아이러니하게도 '인간전멸 (human annihilation)을 유도한다.' 그러므로 심각히 인권을 파괴하는 것이다. 인간 생명이 아예 근원적으로 형성되지 못하도록 무자비하게 회피하고 탄압하여 인간이 지구상에 영원히 태어날 수 없도록 만드는 삶의 방식을 가진 동성애는 거의 살인죄에 버금갈 것이다. 동성애 인정이 결코 인권을 높이지 않는다. 완전히 그 반대다.
　소위 동성 결혼은 인권과 인간을 근본적으로 파괴한다.
　소위 동성 결혼을 합법화 하는 과제는 소수자의 평등이나 인권에 관한 것이 전혀 아니다. 오히려 그것은 정확히 '인간 전멸'에 관한 것이다. 인간 육체를 병들게 하고, 인간 생명을 파괴하는, 하나님의 창조질서에 역행한 생활 방식을 법률화함으로써, 이 사회에 인간 파괴와 인권 파괴를 더욱 확고하고 깊숙이 심어 놓는 것이다. 그것은 독약을 들고 망설이는 사람들에게 마음껏 독약을 마시라고 부추기는 것과 같을 것이다.
　오바마는 왜 몸에 극도로 해로운 생활 양식을 가진 성소수자를 극구 높이고 지원하면서 부추길까?
　왜 성소수자를 나라 지도자들로 발탁해 세우고 정상적인 사람들보다도 더욱 모델로 추켜세우면서 드높이는 걸까?
　왜 그는 아주 극소수 성전환자를 중심으로 일반 교육행정의 지시를 내리고('성전환자 화장실 지시'를 모든 주에 내렸다. 이 비이성적 지시에 반발해 2016년 5월 25일 11개 주가 연합해 오바마를 고소함), 지시를 거역하면 주에 당연히 지불해야할 막대한 연방 교육 지원금을 중단한다고 압박을 가하면서 어이없는 시행을 하는 걸까?

도대체 왜 소위 동성 결혼, 성소수자라는 비정상의 생활 방식들을 미국 교육과 사회에 매우 깊숙이 각인시켜 놓으려 애쓴단 말이냐?

왜 그래야 한단 말이냐?

왜…무언가 이상하지 않은가?

이전 국방 장관 로버츠 게이츠(Robert Gates)가 말하듯 그는 상상을 초월할 정도로 무섭도록 국방비를 삭감해서 미국 국방력을 지독하게 약화시켰다(「팍스 뉴스」, 2016. 4. 1.). 마치 미국 국방력을 파괴하려고 작정이라도 한 것처럼 삭감했다.

왜 전례 없이 무섭도록 미국 국방력을 약화시키나?

왜 그럴까?

그는 미국 역사상 처음으로 군 장성(Generals) 7명을 한 번에 해고했다(「유튜브」, 「팍스 뉴스」).

왜 그럴까?

반면에 국민을 병들게 하고 궁극적으로 국민의 몰락을 가져오고 인간 멸종을 부르는 성소수자, 자연질서를 파괴하고 마구 어지럽히는 삶의 방식에 재정을 지원하면서 열성을 다해 지원한다.

좀 어이없지 않은가?

국가와 국민을 무시한단 말이냐?

국방력은 튼튼히 강화하고, 국민을 **병들게 하고 존속을 위태롭게 만드는 생활 양태는 지원이 아닌, 법으로 강력히 금지함이 마땅하겠다.** 이것이 왜 이전에 모든 주에서 동성 결혼 금지법을 시행했는지의 이유다. 국민의 건강과 번성을 위해, 동성 결혼을 확고히 법으로 금지해야 했다. 국민의 건전한 정신과 도덕성을 위해 금지해야 했다. 이것이 왜 세계 나라들이 동성 결혼을 금지하는지의 이유다.

달리 말하면 소위 동성 결혼의 합법화는 '사람이 병들고 죽어가는 생활 방식을 법으로 확정하고 지원한다'는 뜻이다. 그것은 비헌법적이고 반헌법적이다. 또한 심각한 불법이요 완전한 오류이며 실수다. 왜냐하면 '법의 근본정신은 인간의 존엄성과 생명 보호'이기 때문이다.

동성 결혼을 지원하는 것은 인권을 위함이 아니다. **정확하게 반-인권**(anti-human right)**을 위함이다.** 당신들이 동성 결혼을 지원할 때, 당신들은 "인간을 병들게 하고 몰살시키는 행동 방식을 지원한다"는 뜻이기 때문이다. 동성 결혼은 무엇보다 '**인간 육체를 퇴락시키고, 인간 출생과 번성을 파괴하며, 인간 생명을 영원히 없애버리는 생활 방식 또는 행동 양식**'으로 가장 잘 규정된다.

그들은 동물도 잘하지 않는 자연법을 거슬리면서 '비정상의 가정 아닌 가정'을 이루는 삶을 산다. 하나님의 창조법에 반역하면서 인간 생명을 형성하지도 낳지도 않는다. **그들은 하나님의 인간 창조를 '무'로 돌린다.** 창조를 파괴시키고 창조에 역행하면서 항명한다. 그들의 인생의 끝은 추천할 만한 것이 못된다. 그들의 생활의 결과는 사랑스러운 자녀가 없이 쓸쓸하고 비참하다.

미국의 한 대학에서 총장이 게이와 레즈비언의 권리 향상을 위해 운동한 여인에게 '인권상'을 수여하는 것을 보았을 때 나는 놀랐다. 2014년 5월에 미국 각 대학교에서 졸업식이 거행되었다. 그때 나는 어느 대학교의 졸업식에 참석하게 되었다. 졸업식에서 총장이 게이와 레즈비언을 위해 활동한 여인에게 '인권상'을 수여하였다. 나는 아찔했다. 내게는 너무 충격적인 장면이 아닐 수 없었다. 그런 장면을 바라보면서 매우 당황스러웠다.

"이 나라에서 지금 무언가 크게 잘못되어 가고 있다…."

어떻게 '인권상'을 게이나 레즈비언 운동가에게 줄 수 있다는 말이냐?

게이나 레즈비언 결혼이라는 이슈는 분명히 결혼 즉 '한 남자와 한 여자의 성스러운 결합'에 대립되는 것이다. 동성 결혼을 지원한다는 것은 당신이 결혼(참된 결혼)을 파괴하고 있다는 뜻이다. 소위 동성 결혼이 확장되어 늘어날수록 우리의 결혼(진정한 결혼)은 부정적인 영향 아래 약화되기 때문이다.

소위 동성 결혼은 진정한 결혼 제도에 혼란을 일으키고 파괴적 영향을 끼친다. 건전한 사회에 혼란과 파괴를 일으킨다. 마치 어느 날 건강한 몸에 생긴 혹이 커지면 커질 수록, 정상인의 신체에 문제가 되는 것처럼, 동성 결혼이 커지면 커질 수록 사회 전체의 몸은 서서히 마비되면서 병들게 된다.

그리고 참된 결혼을 파괴해 가족과 사회를 병들게 하면서 파국의 위기로 몰아넣는다. 그처럼 파괴적인 생활 방식이 결코 인권을 증진하지 않으며, 인권상을 수여할 만한 일도 아니다. 결코 인권을 증진하는 일이 될 수 없다. 사실은 그 반대다. 소위 **동성 결혼은 심각하게 인권을 감소시킨다!** 하나님의 창조 명령대로 '인간이 땅 위에서 생육하고 번성해야 하는 인권'을 철저히 박탈한다. 동성 결혼을 지원하는 행위는 **인간 전멸을 옹호하는 것이다.**

"그렇다면 당신이 정말로 이 나라를 사랑한다면. 어떻게 나라 전역에 인간 육체가 병들게 하고, 인간 생명을 단축시키며, 고귀한 인간 생명을 영원히 제거하는 소위 동성 결혼을 합법화하라고 강요할 수 있다는 말이냐?"

그렇다면 인권상을 레즈비언 운동가에게 주는 것은 비합리적이고 부끄러운 일 아닌가?

우리는 게이나 레즈비언 지원자들에게 질문한다.

"당신들은 소위 동성 결혼을 지원할 때 그대들이 정말로 무엇을 하고 있는지를 아는가?"

게이나 레즈비언 권리를 지원함으로 심각한 문제가 발생한다.

"그대들은 실제로 **인간 육체가 병들게 하고 인간 생명이 영원히 형성되지 못하도록 만드는 해악한 인류 절멸의 행위들을 지원하고 있는 것이다.** 소위 동성 결혼을 지원함으로써 당신들은 하나님이 창조하신 인간 생태계를 파괴하고 위협하면서 인류 멸종을 부추기고 있는 것이다."

그것이 정말 사실이다. 그런데 자연 속에서 비록 동물들마저도 동성 무리로 가족을 이루어 모여 살지 않으면서 본능적으로 자신들의 멸종을 피하고 있음을 그대들은 알고 있다.

"하나님이 창조를 통해 내려 주신 동물들, 생명체들의 본능마저 동성 결합의 가족을 거부한다."

'항구적인 **동성 결합이 가는 길은 생명체들의 죽음과 사멸의 길**'이기 때문이다. 그것은 단지 연구나 이론이 아닌 엄정한 자연의 법칙이며 진리다. 동성 결합이 가는 길은 생명체를 순식간에 끝내는 몰살의 길이기 때문이다. 더욱이 우리는 동물이 아니다. 우리는 인간이다!

"게이와 레즈비언이여, 또한 게이와 레즈비언 운동가들이여, 그대들은 왜 우리 모두의 죽음과 사멸의 길로 그처럼 달려가려고 애쓰는가?"

만일 자연의 한 부분으로서 **인간이 자연의 법을 깨뜨리고자 한다면, 자연이 그것을 허락하지 않는다. 자연이 인간을 깨뜨릴 것이다.** 하나님이 창조시에 설정하신 자연의 기본법은 인간들에 의해 바뀔 수 있는 것이 아니다. 비록 사람들이 비정상적인 삶을 선택하면서 자연의 법을 바꾸려고 할지라도, 그들이 자연의 법, 하나님의 창조의 법과 대립할 때, 궁극적으로 자연에 의해 산산이 부수어진다는 차가운 실재에 직면하게 된다.

하나님이 창조시에 설정하신 자연법칙이 우주 안에서 모든 생명 있는

존재들과 모든 존재들을 지배한다. '사람들이 그 법칙을 거절하려고 할 때 그들 자신이 거절된다.'

하나님의 창조에서 근본이 되는 법, 자연의 법칙은 우리가 바꾸거나 통제하거나 깨뜨릴 수 있는 것이 아니다. 자연의 한 부분인 인간 존재로서 존속하기 위해, 우리는 그 법칙을 지켜야 한다. 물(H2O)을 형성하기 위해 2개의 수소 원자와 1개의 산소 원자가 결합하는 근본적인 자연법칙이 있듯이, 인간 생명 형성에도 근본적인 자연법칙이 있다.

동성 결혼을 지원함으로써 당신은 인간 생명을 형성하는 자연의 법칙을 거절하면서 실제로는 인간 생명 형성을 저해하여 '**인류의 종국**'을 지원하고 있는 것이다.

"**당신들이 그것을 알고 있는가?**"

그것은 내가 하는 말이 아니라, 소위 동성 결혼의 참된 실재다.

동성 결혼을 옹호하는 행위는 인간 생명 형성의 파괴와 인류 멸종을 옹호하는 것이다.

그 이유는 동성 결합이 원천적으로 인간 생명의 형성을 불가능하게 만드는 방향으로 진행하기 때문이다. 그러므로 동성 결혼이 합법화되고 널리 확산되며 열성적으로 지원되고 압도적으로 옹호되는 한, 태어날 인간 생명도 거의 없을 것이다.

유모차 안에서 행복하게 방긋 웃는 아기를 끌고 가는 정겨운 엄마와 아빠도 없을 것이며, 장난감 딸랑이를 흔들면서 아빠와 엄마를 번갈아 바라보고 함빡 미소 지으면서 흥겨워 하는 아가들도 없을 것이다. 엄마 아빠의 손을 붙잡고 신이 나서 흔들어대는 어린이들도 없을 것이요, "엄마!" "아빠!"를 크게 외치면서 길거리를 뛰어 오는 아이들도 없을 것이다. 거기에 늦가을 마지막 잎새가 떨어져 뒹구는 길거리에 차갑고 어두운 빈

바람만이 쓸쓸하게 불어 올 것이다.

그렇다면 인류의 전멸을 지원하는 사람들에게 어떻게 인권상을 수여할 수 있다는 말이냐?

그들이 전혀 상을 받지 말아야 한다는 것이 한층 더 합리적이지 않겠는가?

소위 동성 결혼과 옹호자들은 고귀한 인권 즉 인간 생명을 탄생시키는 인간의 최고 권리를 박탈하고 침해하였다. 결과적으로 그들은 손에 손을 잡고 인류 타락과 몰살의 목표를 향해 행진한다.

> 쾌락을 노래하라
> 신나게 노래하라
> 우리는 미래가 없다
> 현재시간이 유일한 시간이다
> 즐기라 또 즐기라…우우우

노래를 부르면서 그들은 행복하게, 손에 손을 잡고, 이 나라 사람들과 인간 존재들의 사멸이라는 공동목표를 향해 행진한다.

그렇다면 그들이 인간을 위해 정말로 하고 있는 것은 무엇인가?

인간의 황폐함과 몰살! **'인간 존재와 이 나라 국민들의 전멸!'** 이 나라 사람들과 세계 인류의 멸종을 위해 그들은 최선을 다하고 있었다. 그리고 그런 이유로 인해 인권상이 수여되었다. 진정한 인권은 파괴되고 있었다.

마무리 말

　소위 동성 결혼은 결혼과 같지 않다. 그것은 동성 결합 또는 동성 결합이라고 더욱 적절히 칭할 수 있다. '결혼'은 '결혼'이다. '결혼'이라는 용어를 '동성 결합'에 적용하는 것은 부적절 하다. 왜냐하면 각기 그 자체의 독특한 의미를 지녔기 때문이다. 각 용어는 함께 혼합시킴 없이 각각의 방식에서 각각 다른 의미대로 유지되어야 하겠다.

　구약성경과 신약성경은 동성애를 가증하고 무서운 죄라고 명확히 경고하고 있다. 인류는 버락 후세인 오바마가 수장이 되어 백악관을 중심으로 강렬히 펼치는 하나님을 거역하고 소돔과 고모라로 향하는 동성애의 행진을 멈추어야 한다.

　동성애와 성소수자(LGBT), 행진을 멈추라!

　소돔과 고모라로 향하는 인류의 행진을 중단하라!

　소위 동성 결혼은 나라와 인류에 무자비한 적이다. 하나님이 창조하신 인간 육체를 병들게 하고 인간 생명을 파괴하며 자연 생태계에서 인간 멸종을 일으키는 무서운 적이다. 인간을 서서히 제거하면서 결국 우주에서 인간을 영원히 몰살시킨다.

　비록 나라를 사랑하는 게이나 레즈비언이 감지하지 못할 수 있겠지만, 악마는 동성애를 하나님 나라와 인류를 파괴하는 전술로 사용한다.

① 사람들은 이 무서운 적의 참 정체를 바로 알 필요가 있다.
② 이 나라 사람들은 이 잔인한 적을 패배시켜야 한다.
③ 사람들은 이 무시무시한 적이 우리에게 가져올 미래의 비극적인 실재를 보아야 하며 적에게 틈을 주지 말고 강력히 거절해 격퇴시켜야 한다.

소위 동성 결혼은 달콤한 유혹의 미소로 다가 오지만 가장 무서운 적이다. 우리 육체를 병들게 하고, 수명을 단축시키며, 생명을 영원히 차단해 인류를 파괴하는 가장 위협적인 적이다. 악마의 세력은 국가의 기본 단위 가족을 붕괴시킴으로써 나라 전체를 붕괴시키고, 나아가 인류 전체를 붕괴시키려한다. 성적 이슈에 관계없이, 우리 모두는 **하나님 아래 한 나라**에서 서로 사랑한다고 믿는다. 우리 모두는 나라를 사랑한다. 우리는 나라와 민족과 인류를 사랑한다. 하나님의 창조명령을 따라, 사람은 생육하고 번성해야 하리! 하나님의 창조 명령을 따라 나라와 민족은 번성해야 할 것이다.

ISIS가 수없이 많은 사람들을 죽이고 있다. 그들은 21세기에도 야만적인 인간-대학살, 기독교인-대학살을 자행해 오고 있으며, 공개적으로 인간을 참수하고 방화했다. 그때 오바마는 ISIS를 무장시키고 지원하면서 기독교를 비난했다. IS는 무슬림으로 개종을 강요하면서, 인간을 죽인다. 교회와 성도들, 종교와 시민이 동성 결혼을 확실히 패배시키지 않는다면, 국민들은 미래 어느 날 사라지는 운명에 놓인다. 그것은 적의 승리다! 반면, 우리의 자기 파괴요 완벽한 패배다.

하나님이 위임하신 '결혼,' 즉 인간 생명을 잉태하고 탄생시키는 '한 남성과 한 여성의 거룩한 연합'은 그 신성함과 특권성에서 가장 최고로 존중되고 보존되어야 한다. 하나님이 위임하신 '신성한 결혼'과 '신성한 가족'을 통해 대한민국은 더욱 번성하고 민족은 강해지며 인류는 번영할 것이다. 신성한 결혼제도를 통해 나라의 국민은 창궐하고 세계의 인류는 세세토록 번창할 것이다!

"생육하고 번성하며 땅에 충만하라!"
하나님이 대한민국을 축복하신다!
하나님이 미국을 축복하신다!

에필로그

나는 동성 결혼이나 LGBT*(성소수자) 연구자가 아니다. 이 글은 성소수자에 대한 지식을 나열하려 함이 아니다. 그 보다는 왜 동성 결혼이 합법화되지 말아야 하는지의 이유와 나라 전역에 동성 결혼 합법화를 급히 추진하는 것은 매우 위험한 움직임이라는 것을 보여주고 싶었다. 그들은 동성 결혼 합법화를 서둘러 추진하기 위해 대법원에 문서를 제출하면서 강요마저 하기에 이르렀다.

나라가 위기에 처해 있다.

더욱 무섭게도 벼락 후세인 오바마 정부 아래 법원의 판결은 도덕성과 정직성을 지닌 선한 사람들에게 정말로 잔인한 일들을 행했다. 제과점이나 꽃가게 주인들에게 동성 결혼 케이크나 꽃을 만들라고 압력을 가하면서 무거운 벌금이나 교도소 형벌로 기독교 믿음을 포기할 것을 강압했다. 동성 결혼 시인을 강요하면서 반대하는 사람들의 직위를 박탈한다. 이는 분명히 그들의 기독교 신앙과 도덕적 양심에 위반되는 것이다.

오바마 정부는 모범이 될 만한 훌륭한 시민들을 왜곡되고 비신앙의 부도덕한 행동을 하도록 강압하고 강제하고 있다.

어떻게 이와 같은 일들이 21세기 미국에서 일어날 수 있는가?

우리는 충격과 공포를 느낀다.

이 나라는 자유와 민주주의 나라 아닌가?

미국이 독재주의나 공산주의 국가란 말이냐?

전에 이런 일들이 일어나리라고는 전혀 상상조차 하지 못했다. 무언가 지독하게 잘못된 일들이 지금 나라에서 진행 중이다. 어떤 끔직한 일들이 의도적으로나 비의도적으로 나라의 사람들과 기독교인들에게 진행되고 있다.

윤리적이고 착한 사람들의 신앙과 자유가 무참하게 짓밟히고 있다.

그것은 나라를 매일매일 조금씩 약화시키면서 궁극적으로 쇠약하게 만들고 미래의 어느 시점에 완전 붕괴되도록 만들 것이다. 나는 동성 커플이 국가나 인류를 사랑하지 않는다고 생각지 않는다. 나는 그대들이 나라를 사랑하고 인류를 사랑한다고 분명히 믿는다.

확실히 국민들이 나라와 인류를 사랑한다고 생각한다. 정말로 우리 모두는 우리 조국의 미래 운명에 관심을 기울인다. 그렇다면 질문한다.

당신들은 소위 동성 결혼의 결과를 아는가?

당신들과 많은 사람들이 동성 결혼을 하고 있을 때, 나라에서 또한 세계에서 무슨 일이 생길 것인지를 아는가?

당신들은 내 조국의 미래를 보는가?

나는 나라가 점점 쇠약해져 미래에 한국이나 미국의 국민들이 다른 민족이나 동물로 대치되는 것을 동성 커플들이 원한다고 생각지 않는다. 다시 말해 나라에서 동물들이 사람들을 대신해 땅을 차지하는 것을 그들이 원한다고 생각지 않는다. 하지만 벼락 후세인 오바마가 모든 전역과 대한민국에도 동성 결혼 합법화를 밀어 붙이면서 압도적으로 지원하고 비정상으로 장려한다면, 한국도 미국도 타인들의 나라 또는 인간들의 나라가 아닌 **"동물들의 나라,"** 그것이 다가올 미래에 운명일 수 있다. 그때 동물의 나라에서 "당신들은 인간 존재들을 매우 그리워 할 것이다."

"그렇지만 그때는 너무 늦을 것이다."

그리고 당신들은 땅 위에서 사람들이 아닌 동물들과 함께 살도록 강요될 수밖에 없다.

그대들은 국가가 붕괴되고 궁극적으로 지도상에서 사라지기를 원하는가?

정말 내 조국이 신앙심과 도덕성에서 추악하게 타락하고 하나님을 거역하면서 소돔과 고모라처럼 몰락하기를 원하는가?

악마는 그것을 원한다. 좀 달콤한 미끼, 동성 결혼을 수없이 던지면서 좋은 시민들을 낚아서 채려고 한다. 악마들은 결코 '멸망'이라는 자신의 어두운 정체를 드러내지 않는다. 그리고 그것이 왜 어떤 사람들이 나라 전체에서 동성 결혼을 합법화하는 움직임을 따르는가의 이유다.

하지만 만일 그대들이 나라를 파괴하려는 악마의 진짜 모습을 본다면, 가족, 교회, 공동체, 나라와 국민, 세계 인류를 파괴하고자 하는 악마의 추악한 정체를 바로 본다면, **결코 동성 결혼을 따르거나 지지하지 않을 것이다.** 당신들이 그 악마의 정체를 직시해 바로 보고 나라와 인류를 구하기를 간곡히 바란다.

나는 게이나 레즈비언에 어떤 편견이 있지 않다. 더욱이 결코 그들을 미워하지 않는다. 오히려 나라와 함께 사랑한다. 사실 나는 동성애라는 이슈에 많은 관심이 없었다. 하지만 심각한 위기를 느꼈다. '달콤한 가면을 쓴 가장 무서운 적'이 나라와 인류를 무차별 공격해오고 있다.

사람들은 이 위장한 적의 진짜 정체를 꿰뚫어 보고 철저히 패배시켜야겠다.

내 마음속에 게이와 레즈비언이 행복과 기쁨 속에 살기를 바란다. 그대들 모두 항상 행복하고 기쁘기를 바란다. 여기서 강조하고 싶은 것이 있다. 그대들 모두는 인간 삶에서 '가장 고귀한 가치를 추구할 권리'가 있음을 알고 있다. '가장 고귀한 인간 생명을 탄생'시키고 '그대 자신의 살과 피를 나눈 가족 안에서 행복을 추구할 권리'가 있음을 알고 있다. 바로 그대를 닮은 사랑스러운 자녀를 낳을 수 있음을 알고 있다!

그대들은 '신성한 가족,' 즉 '남편과 아내,' 자신들의 분신인 '아들과 딸'을 통해 오는 '진정한 사랑과 행복과 기쁨을 추구할 권리'가 있다. 사랑하는 자녀를 낳을 수 있고 양육할 수 있는 권리와 사랑하는 자녀가 이 지구상에 존속하도록 할 수 있는 권리가 그대들에게 있다! 그리고 우리 모두는 나라와 인류를 사랑한다. 민족과 인류의 번영은 계속 되어야 하리라. 하지만 소위 '동성 결혼'은 이런 희망을 좌절시킨다. 그것은 '인간 생태계,' '자연 생태계'를 철저히 파괴한다.

우리 모두는 조국을 사랑한다. 나라와 국민이 적의 공격으로 조금씩 몰락되고 있다. 가면을 뒤집어쓴 악마의 공격은 맹렬하고 치열하다.

우리는 나라와 민족을 사멸의 구덩이로 몰아넣는 잔악한 적의 계략을 기필코 패배시켜야 하겠다.

우리 모두는 나라와 민족을 사랑한다. 인류를 사랑한다. 하나님을 사랑하는 나라는 계속 번성하리라! 하나님을 사랑하는 나라와 백성은 땅 위에서 번영할 것이다. 하나님을 사랑하는 인류는 계속 번창하리라.

하나님 감사해요.

하나님이 대한민국을 축복하신다!

하나님이 미국을 축복하신다!

부록 (Appendix)

1. 존 G 로버츠(John G. Roberts) 대법원장님께

2015년 6월 26일, 미국 연방대법원은 5:4의 결정으로 동성 결혼 합법화의 판결을 발표했다. 그것은 미국 역사상 극도로 충격적이고 수치스러운 사건이었다. 오바마는 동성 결혼 합법화를 강요했다.

대법원장 존 로버츠를 포함한 4명 즉 존 G. 로버츠(John G. Roberts) 대법원장, 안토닌 스칼리아(Antonin Scalia, 최장기 직임, 철저한 헌법주의로 오바마 정책에 반대. 2016년 2월 13일 멀리 떨어진 대농장에서 갑자기 의문의 죽음으로 발견되어 살해 논란이 일고 있음, 오바마는 그의 장례식 조차 참석 않음), 클레어런스 토마스 (Clarence Thomas), 사무엘 알리토(Samuel Alito) 판사들은 오바마가 강압하는 **동성 결혼을 명확히 반대하였다.**

그러나 4명의 진보파 소니아 소토메요 (Sonia Sotomayor, 여), 엘레나 카간(Elena Kagan, 여), 루쓰 긴스버그 (Ruth B. Ginsurrg, 여), 스티븐 G. 브레이어 (Stephen G. Breyer) 판사와 안토니 M. 케네디 (Anthony M. Kennedy) 판사가 찬성했다.

그렇지만 이 판결은 헌법에 따른 것이 아니다. 연방 대법원장 존 로버츠가 반대 진술에서 밝혔듯이 이 판결은 헌법과는 아무런 관련이 없으므로 잘못된 것이다.

소위 동성 결혼 합법화를 몰아 부치는 오바마 대통령은 이 판결을 대환영했다. 백악관에 동성애를 상징하는 불빛을 번쩍거리면서 전 세계를 향해 수치스러운 동성애 환영 메시지를 보냈다. 백악관 역사상 부끄러운 날이 시작되었다. 그는 '동성 결혼 합법화는 미국의 승리'라는 어이없는 발표를 했다.

5명의 판결은 잘못이다. 공화당 대통령 후보들은 반대한다. 60명이 넘는 법학자들(교수들)이 5명의 판결은 오류이므로 헌법적으로 번복되어야 한다고 선언하였다(「씨엔에스 뉴스」, 2015. 10. 12.).

결국 이 판결은 대법원장이 반대진술에서 밝힌 대로, 헌법이 아닌 사람의 뜻에 따른 것이다. 그러므로 60명이 넘는 법학자들이 선언한 대로 판결이 속히 헌법적으로 번복되어 오류가 정정되어야 하겠다.

5명의 판결 이후 오바마는 동성 결혼을 신속히 정착시키려고 반대하는 주나 사람들에게 무분별한 탄압(예를 들어 가난한 자 위한 후드 스탬 연방 지원금 중단 등 막대한 연방 재정 지원 중단, 개인 직위 박탈 등)을 부당하게 가하고 있다.

5명의 판결에 안주하면서 동성 결혼을 내세워 정상인들을 탄압하는 세력들이 기승을 부리는 반면, 오바마의 정책에 반대하는 주나 종교, 단체, 개인의 소리도 계속 높아지고 있다. 최근에 미시시피 주에서 오바마의 동성 결혼법에 반대하는 종교 자유법을 통과시켰다 (2016. 4. 6). 오바마가 탄압을 하려 하겠지만, 미시시피 주는 이제 이전처럼 참다운 미국 전통을 회복해 신앙의 자유를 마음껏 누릴 수 있게 되었다.

알라바마 대법원장 로이 무어는 선봉에서 동성 결혼을 반대한다. 이처럼 동성 결혼을 기독교 신앙 양심으로 거절하는 사람들에게 직위 박탈을 하려고 압력을 가하고 있다.

　소돔과 고모라의 죄악인 동성애, 하나님이 가장 증오하시는 동성애, 구약성경과 신약성경이 무서운 죄로 경고하는 동성애, 하나님을 대항하면서 인간의 타락이 극치를 이루는 동성애…인류 멸망의 지름길인 동성애로부터 미국은 어서 속히 돌아서고, 오바마의 잘못된 지도력에서 벗어나 미국 본래의 궤도를 탈환해야 하겠다.

> 존 로버츠의 목청을 높인 동성 결혼 반대 진술: 헌법은 그것과 아무 관련이 없었다(「워싱턴 포스트」, 2015. 6. 26.).
> 대법관 안토닌 스칼리아(Antonin Scalia)의 사법 활동 마지막 언어: 동성 결혼 판결은 '법의 아주 얇은 층'도 지니고 있지 못하다(「브레이바르트 뉴스」).
> 알라바마 대법원장 로이 무어(Roy Moore): 사탄의 영향에 이끌려 대법원 법관들이 동성 결혼을 합법화 했다(「살론」, 2015. 7. 13.).

1) 존 G. 로버츠 대법원장님께

잘못을 정정해 주십시오

　존경하는 존 G. 로버츠 대법원장님, 대법원에서 기본적으로 단지 판사석에서 법을 통과 시킬 수 있었다는 것에 대해 완전한 불신에 쌓여 있습니다. 나는 항상 법원이 법에 따라 판결한다고 생각했습니다. 나는 충격을 받았는데 긴스버그 판사와 카간 판사가 법정 심리(hearing)를 하기도 전에 동성 결혼을 시행한 것입니다. 좀 구린 내가 나는데요. 제발 잘못을 바르게 해 주십시오(2015. 7. 9.).

그녀의 자유와 양심을 비인간적으로 짓밟았다.

켄터키 서기관이 결혼 허가증 발급에 동의할 때까지 그녀를 감옥에 가두어두라는 명령이 떨어졌다. 게이와 레즈비언 커플에게 결혼 허가증 발급을 허락하는 것은 하나님의 결혼 정의를 위반하는 것이며 또한 그녀의 사도적 기독교인으로서 개인의 믿음을 침해하는 것이라고 킴 데이비스는 말했다(「엔비시뉴스」, 2015. 9. 3).

2) 존 G. 로버츠 대법원장님께

동성 결혼은 비헌법적입니다.

동성 결혼은 헌법과 아무런 관련이 없습니다. 결과적으로 동성 결혼은 비헌법적입니다. …그리고 비헌법적인 것은 미국에서 법률화될 수 없어요. 만일 그렇다면, 그것은 불법입니다.

3) 존 G. 로버츠 대법원장님께

파괴적인 동성 결혼. 다수의 미국인들은 동성 결혼이 헌법적이 아니라고 믿습니다. 비헌법적인 것이 착한 미국인들을 파괴할 수 없습니다. 켄터키 서기관이 동성 결혼 허가증 거부를 도와달라고 법원에 도움을 청할 때 대법원은 그녀를 강력하게 지원해야 할 입니다. 그녀가 더욱 건전하고 바릅니다.

4) 존 G. 로버츠 대법원장님께

미국에 대한 파괴를 지금 바로 정정해 주십시오.
　동성 결혼 판결은 헌법과 아무 관련이 없습니다. 그것은 사람의 뜻에 따라 결정되었습니다. 미국을 무너뜨리는 이 파괴적인 판결은 헌법에 따라 즉시 수정되고 재판결되어야 합니다. 미국인들과 미국을 파괴시키는 판결은 수정되어야 합니다. 그것을 지금 정정해 주십시오!!

　켄터키 서기관은 '우리 모두를 위한 신앙의 자유를 위해' 싸우고 있다.
　동성 결혼 커플들에게 결혼허가증 발급을 거부한 이후 서기관 데비스를 감옥에 보내도록 한 연방 판사의 판결은 '기독교를 범죄화한 것'에 대한 추가 증거를 보여준다(프랭클린 그래함[Franklin Graham, 빌리 그래함⟨Billiy Graham⟩의 아들] 2015. 9. 4.).

5) 존 G. 로버츠 대법원장님께

비헌법적인 동성 결혼.
　존경하는 대법원장님, 미국인들 대다수가 동성 결혼은 헌법과 아무 관련 없다고 믿고 있습니다. 그 판결은 헌법적이지 않으며 잘못된 것입니다. 동성 결혼은 반헌법적이며 미국에서 합법화될 수 없습니다. 만일 그렇다면 그것은 불법입니다.

6) 존 G. 로버츠 대법원장님께

제발 부도덕한 판결을 고쳐주십시오!

> 동성 결혼 판결은 미국의 몰락 (Downfall)이 될 것이다…미국의 도덕성에 대한 버락 오바마의 사탄적인 공격…(토니 퍼킨스[Tony Perkins]).

도덕성과 신앙에서 가장 자랑스러운 나라 미국이 이제 세계에서 가장 수치스럽고 부도덕한 나라로 되어가고 있습니다. 제발 그것을 고쳐주십시오!

7) 존 G. 로버츠 대법원장님께

동성 결혼을 재고해 주십시오

인간 생명을 그 기원에서 파괴하는 인간 행위를 법률화하는 것은 위헌입니다. **대법원은 인간 존재와 미국인의 전멸, 즉 동성 결혼의 피할 수 없는 결과를 합법화할 수 없습니다.** 제발, 제발, 동성 결혼 판결을 재고해 주십시오. 그것이 미국을 쇠퇴시킵니다.

8) 존 G. 로버츠 대법원장님께

동성 결혼을 재고해주십시오

제발 동성 결혼 판결을 재고해 주십시오. 대법원이 인간 존재와 미국인들의 멸종을 지원할 수 없습니다. 동성 결혼의 정말 실재는 미국인들이 미래에 멸종하도록 된다는 것입니다. 이런 비인간적인 판결을 재고해 주십시오! **그것은 헌법과 아무 관련이 없습니다.**

"우리는 킴 데이비스(Kim Davis)와 함께 서있습니다."
허커비(Huckabee)는 말했다.
그는 그녀를 대신해 기꺼이 교도소에도 갈 것이라고 덧붙였다.
"우리는 기독교 신앙을 범죄화 할 수 없습니다."
그는 말했다(「에이비씨 뉴스」, 2015. 9. 8.).

우리의 신앙에 대한 이런 위협은 실재다. 우리는 이것을 이해하는 대통령이 필요합니다. 나는 신앙의 자유를 위해 싸울 것이며 사법부의 횡포를 거절할 것입니다. 친구들이여, 신앙의 자유를 위한 이 싸움은 킴 데이비스보다 더욱 큰 것입니다. 그녀의 입지는 우리의 입지입니다…나는 그냥 있지 않을 것입니다. 나는 이 싸움에서 쉬지 않을 것이며 대통령으로서 묵종의 조류에 대항해 서 있을 것입니다(마이크 허커비[Mike Huckabee], 전 아칸소 주지사, 공화당 대통령 후보).

9) 존 G. 로버츠 대법원장님께

반헌법적인 동성 결혼

동성 결혼은 헌법과 아무 관련이 없습니다. 그것은 오바마의 뜻입니다. 동성 결혼은 비헌법적이고 합법화될 수 없어요. 만일 그렇다면 그것은 불법입니다. 법을 어기지 마십시오…그리고 진정으로 법을 준수한 켄터키 서기관을 석방해 주십시오!

그녀의 행동이 더욱 헌법적입니다.

10) 존 G. 로버츠 대법원장님께

위헌적인 동성 결혼

동성 결혼은 헌법과 전혀 무관합니다. 더욱이 인간 생명을 근본적으로 제거하는 인간 행동은 불법이며, 위헌이고, 심각한 범죄이기까지 하지요. 인간 생명이 중요합니다. 동성 결혼은 생명을 파괴해 버립니다.

켄터키 서기관을 석방하십시오!!!(2015. 9. 6).

11) 존 G. 로버츠 대법원장님께

판사 5명의 잘못된 판결을 바르게 고쳐 주십시오.

대법원장님, 대법원장님을 포함한 4명의 판사는 판사 5명의 동성 결혼에 대한 그릇된 판결을 반대했습니다. **60명이 넘는 법학자들(교수들)이 다섯 판사의 판결은 전체 오류이므로 헌법적으로 번복되어야 한다고 선언했어요.** 다섯 판사의 큰 실수는 미국인들을 위해 속히 정정되어야 하겠습니다. 그것을 바르게 고쳐 주십시오. 감사합니다(페스트노트 공공 이메일[Fastnote Public Email]).

2. 자격을 상실한 종교(Disqualified Religion)

"너는 두 가지 중에 선택을 해야 한다. 이슬람으로 개종해라. 아니면 이들처럼 죽을 것이다."

"만일 네가 이슬람으로 개종하지 않는다면 너희에게 이것이 일어날 것이다. 우리는 너희 모두를 목을 베어 죽이겠다."

"개종하라 아니면 죽는다."

ISIS 두목의 이전 종이 말한다. 그는 그녀를 때렸으며, 미국인 인질을 강간했다. 처음에 그녀를 아버지에게서 떼어 놓았다. 그리고 다음에 누이들에게서 떨어지게 했다. 그녀는 수천 명의 야지디(Yazidi) 여인들처럼 강제적으로 **노예가 되어, 소위 '이슬람 국가'**(Islamic State)**의 소유물로 취급당했다.**

그는 우리를 몹시 학대 했다…그는 우리에게 항상 말했다.

"너의 아버지와 형제들을 잊으라. 우리가 그들을 죽였다. 그리고 우리는 너희 어머니들과 누이들과 결혼했다. 그들을 잊으라."

이라크 소수인 야지디(Yazidis)는 지구(Earth)를 창조하신 한 분의 신을 믿으며 신이 지구를 피콕 천사(peacock angel)의 돌보심 안에 두었다고 믿었다. 야지디는 ISIS에게 대규모의 박해를 받도록 종속되었는데, ISIS는 그들에게 악마 숭배를 한다고 힐난했다. ISIS 무장인들은 이들을 납치했으며, 강간하고, 고문했다.

또한 **수천 명의 야지디인들을 대학살했다.** 유엔은 ISIS가 그들에게 저지른 집단학살을 비난했다.

"…그들은 우리의 온 몸 전체를 때렸다…우리는 맞아서 완전히 검은 색깔이 되었다. 그들은 우리를 모든 것으로 때렸다. 케이블,

벨트, 또한 나무 막대기로 때렸다."

그녀가 도착하자마자…그녀는 ISIS 전사가 서양인을 목 베는 것을 보여주는 비디오를 주시해 보아야 했다. 그리고 그녀가 야지디 신앙을 버리는 데 동의하지 않으면 같은 운명이 될 것이라고 위협했다.

"거기에 한 명의 미국인 저널리스트가 있었어요. 또한 모두 검은 옷을 입은 한 남자가 있었어요."

그는 저널리스트를 죽였다. 그의 목을 베어 죽였다…우리에게 랩탑으로 이것을 보여 주었으며, 그들은 우리에게 말했다.

"만일 너희들이 이슬람으로 개종 하지 않으면, 이일이 일어날 것이다 - 우리는 너희 모두를 목을 베어 죽일 것이다."

"너희에게 두 가지 선택이 놓여있다."

"이슬람으로 개종하라. 아니면 이처럼 죽을 것이다."(「씨엔엔」, 2015. 9. 9.).

오늘날 21세기에 세상은 평화를 원한다. 그런 열렬한 갈망에도 불구하고 ISIS 테러주의자들은 단지 종교 이슬람을 위해 전쟁을 일으키고 테러를 감행하며 수없이 많은 무고한 사람들을 학살해 오고 있다.

모든 나라와 모든 국민은 인류 평화를 유지해야 할 책임이 있다. 과학과 문명이 고도로 발달한 21세기에, 모든 나라들과 모든 백성들은 간절히 '평화'를 갈구한다. 이처럼 인류 문명이 발전한 21세기에도 전쟁을 일으키거나 죄 없는 사람을 죽이는 어떤 종교가 있다면, 그들은 더 이상 종교가 아닐 것이다.

종교(Religion)는 가장 먼저 하나님을 사랑하고 인간 존재(이웃)를 사랑해야 한다. 종교는 이성과 지식과 판단에서 가장 앞서고 가장 고도로 발달한 수준에 있어야 할 것이다.

종교는 인간에게 하나님과 우주에 대한 가장 고차원의 이해를 제시하고 그런 최고 이해로 인간을 이끌 수 있어야 한다. 21세기에 무고한 사람을 죽이는 어떤 종교가 있다면 어느 종교이든 그들은 더 이상 종교일 수 없겠다. 그들은 단순히 살인자들이며 종교로서의 자격을 상실한다.

인간 역사에서 사람이 너무 무지해 신들에게 인간을 제사물로 희생시켰던 그 옛날 미개한 시대가 있었다. 그들의 신이 먼저였으며 그 신들에게 인간을 바쳤다. 그들은 신들을 위해 인간 생명을 살해하였다. 지금 21세기의 빛에서 보면 얼마나 끔찍하고 우매한 인간의 무지와 잘못된 행위인가…21세기의 빛에서 보면 그것은 건전한 종교의 신앙 행위가 결코 아니었다.

그런 것은 종교 행위도 신앙 행위도 아니다. 단지 미개한 시대에 미개한 종교인들이 무지해서 저지른 야만적이고 미개하며 잔혹한 실수들이었다. 아니면 악한 영에 사로잡혀 저지른 악한 행위들이었다. 그것은 문명이 발달하기 이전 인류가 깨이기 이전에 일어난 '인간 무지(ignorance)의 소산'이었다.

그렇지만 21세기에 사는 우리는 그런 어리석고 야만적이며 잔혹한 행위들을 다시 반복할 수 없다. **다시 반복하지 않는다.** 미개에서 문명사회로 깨우친 현대를 사는 우리는 그런 무지하고 잔인한 인간 살인 행위를 더 이상 할 수 없는 것이다. 21세기에 자신들의 신을 위해 인간을 참수하는 행위는 결코 용납되지 않는다. 이슬람이 아니면 잔인하게 죽이라고 가르치는 경전도 결코 경전으로 용납될 수 없는 것이다.

종교는 그들의 신들의 이름 아래 죄 없는 사람을 죽여서는 결코 안 된다. 종교는 모든 사람들과 모든 나라들 가운데 사랑(love), 평화(peace), 정의(justice)를 구현하면서 '사랑과 평화'를 이끌어 낼 수 있어야 한다. '사랑과 평화'가 종교에서 가장 근본적인 것이다.

21세기에 만일 어느 종교든지 단 1명이라도 죄 없는 사람을 죽인다면, 그들은 더 이상 종교가 아니다. 단순히 살인자들이다.

종교 지도자들은 정치적 지도자들과 마찬가지로 모든 인간들과 모든 나라들 사이에 **평화를 수호해야 할 막중한 책임을 걸머지고** 있다. 종교 지도자들은 사람들을 하나님과 우주에 대한 최고 수준의 지식과 이해로 이끌면서 모든 인간들과 나라들 사이에, 정치적 지도자들과 마찬가지로 평화를 지켜야 할 막중한 책임이 있다.

그들은 신들을 위해 무고한 사람을 죽이고 피를 흘리게 하던 고대의 미개하고 야만적인 시대로 되돌아가지 말아야 할 것이다.

이제 21세기에 종교를 위한 인간 살해(sacrifice)는 결코 용납될 수 없기 때문이다.

오늘날 21세기에 인간들은 무지에서 깨어 고대의 무식하고 야만적인 행위들을 벗어 버렸기 때문이다. 오늘날에 **종교가 전쟁을 일으키거나, 단 한 명의 무고한 인간을, 단지 자신의 종교를 강요하면서, 자신의 종교를 위해 죽인다면, 그들은 더 이상 종교가 아니겠다. 그들은 단순히 살인자들일뿐이며 그러므로 종교로서의 자격을 상실한다.**

이슬람은 단지종교를 위해 무고한 사람들을 잔인하게 죽이지 마라! 인간들을 죽이지 마라. 21세기에 ISIS가 인간 대학살(Human-Genocide)과 기독교인 대학살(Christian-Genocide)을 자행하였으며, 사람들을 공공연히 참수하고 방화하였다.

현대 문명 속에서 정말로 끔찍한 일이다. 상상하기조차 어려운 일들이 일어나고 있다.

이슬람은 무고한 인간 학살을 멈추라!

착한 사람들을 더 이상 알라를 위해 죽이지 말라.

전 세계를 대상으로 테러를 일으키지 마라!

사람은 하나님의 형상대로 지음 받은 가장 고귀한 존재요 우주 안에서 평화와 사랑 속에 살 권리가 있다.

하나님이 우리에게 허락하신 '생육하고 번성할 권리'를 이슬람이 빼앗아 갈 수 없다. 우리 인간 모두는 무고한 죽임을 당하지 않고 평화와 행복 속에 살 권리를 갖고 태어났다.

이슬람이라는 이름 아래 야만적인 인간 살상, 전쟁과 테러를 중지하라!

미개한 야만적인 시대를 벗어나 과학과 문명이 발달한 **21세기에 무고한 인간 학살을 중지하라!**

인간이 무지하던 고대나 중세는 지나갔다.

우리가 문명의 빛에서 판단해 보건데, 사람을 죽이는 집단은 21 세기에 더 이상 종교라 부를 수 없음이 확실하다. 인간을 잔인하게 죽이는 집단은 어느 누구이든 21세기에 더 이상 종교일 수 없음이 분명하다. 테러를 일으키고 인간 생명을 수없이 살해해 오는 잔악한 비종교적 행위를 만연하게 해오는 이슬람은 종교로서의 자격을 상실하겠다. 전 세계의 인권과 인류 평화를 지키기 위해 종교로서의 자격을 상실한다.

3. 세계에 평화를!

우리 모두는 평화를 갈망한다!
평화! 평화, 그리고 사랑!
우리 모두는 서로 사랑받고 존경 받아야 할 인간 존재들이다.

2001년 9월 11일 아침, 온 세상이 평화로워 보이는 환한 시간에 미국의 대도시에서 이슬람 테러가 일어났다! 뉴욕의 세계무역센터를 폭파시키는. 이슬람 비행기 납치 테러분자들의 연이은 자폭 공격이 벌어졌다. 21세기 신형 전쟁이 일어났다.

평화의 상징 110층의 우뚝 솟은 '쌍둥이 빌딩'이 화염과 폭음에 뒤덮이면서 아수라장이 되었다. 테러! 이슬람의 잔악한 공습, 광적인 테러… 이성을 상실한 소위 이슬람 종교 살인광들의 가장 악랄한 만행으로 뉴욕 대도시에 불길과 화염이 치솟는다. 죽어가는 사람들의 비명소리가 하늘에 사무친다. 평화로운 대도시 뉴욕이 참혹한 전쟁터로 변했다.

21세기 대도시에서 수천 명의 시민들이 극도로 잔악한 이슬람 항공기 납치 테러로 죽임을 당했다. 그들은 단 '한마디의 말'조차 남길 수 없었다. 그 이후 이슬람은 계속해서 테러와 전쟁을 일으키고 있다. 무고한 사람들과 기독교인들을 잔악하게 죽이고 있다. 오늘날 세계는 더 이상 이런 비인간적이고 극도로 잔혹한 테러주의들의 인간학살을 관용할 수 없겠다. 관용할 수 없으며, 결코 관용해서도 안 된다. 미국은 이슬람 테러주의자들이 갑자기 시민을 죽일 제2의 찬스를 또 다시 허락하지 말아야 할 것이다.

정치인과 국민들이 이슬람 테러주의자들을 신뢰했을 때, 그들은 미국을 배신하였다. 갑자기 수천 명의 사람들을 뉴욕에서 죽이는 참혹한 전쟁을 일으켰다. 얼마나 증오했으면…그런 상상을 초월하는 끔찍한 만행들을 저질렀으랴! 미국과 기독교는 사랑과 평화를 내세우고 있었다. 이슬람…그들은 우리들과 다르다. 그들은 자신들의 전투적 환경에서 자랐으며 그들의 신 '알라'를 위해 인간 학살을 부추기는 무자비한 종교 환경에서 성장했다. 어려서부터 테러를 연습하면서 자랐다.

ISIS는 그들의 치밀한 '대규모 종교청소' 계획에 의해 가장 먼저는, 중동의 수많은 기독교인들을 닥치는 대로 무차별 살해하고 있으며, 이제 '살해 목록'(Killing List)을 만들어 온 세계 안의 기독교인들을 없애는 것'이 목적이다. 이슬람의 목표는 하나다. '하나님을 믿는 사람들을 다 청소(Purge)하는 것'이다.

이슬람 국가에서 무슬림들이 팻말을 들고 광란한다.

'**이슬람을 믿지 않는 자**는 죽여 버리라.'

'이슬람을 모욕하는 자들의 머리를 다 베어버리라.'

기독교 국가에서 그런 피켓을 본적이 있는가?

어떻게 이슬람을 안 믿으면 사람을 죽여 버리라고 외치면서 광란한단 말이냐?

아무리 오바마가 이슬람을 미화시키려 해도, 영국과 이스라엘 국무장관들이 이야기한 것처럼, '이슬람의 만행은 테러의 행위로 밖에 이야기 할 수 없다.' 이슬람과 테러는 직통으로 연결되기 때문이다. 그 이유는, ISIS 는 이슬람 국가들의 '영웅'이며 이슬람 종교와 신념에 의하면 '최강 모범적 신앙인이며 무슬림 시민'이기 때문이다(「티브이 넥스트」, 2015. 12. 13. 참조).

인간 생명을 존중하고 세계 평화를 적극적으로 수호해 온 기독교 국가 미국…하나님을 믿으며 자유와 평화를 수호해 온 기독교 국가 미국은 버락 후세인 오바마의 지침 방향으로 인해 21세기에 ISIS의 잔인한 인간 대학살, 기독교인 대학살을 두 눈으로 오랜 기간 계속해서 목도하면서도,

그들에 대항해 징벌하고 멈추도록 하는 세계 평화 수호자의 역할을 제대로 감당하지 못하였다.

ISIS의 공개적인 인간 학살과 테러는 오바마의 은근한 지원(무장, 장비, 훈련, 재정등 지원. "Obama Admit US is Training ISIL= ISIS," "Obama Caught Running ISIS,"「유튜브」등을 보라) 아래 계속 되었다. 오바마의 은근한 관심을 받은 ISIS의 세력은 갈수록 영토를 넓히고 성장했으며 수많은 사람들의 피를 흘리면서, 거의 시리아 점령을 노릴 정도로 세력이 막강해졌다. 만일 러시아가 개입해 필사적인 공격 "구원"(Salvation, 푸틴은 자신들의 개입을 전능하신 하나님의 도움으로 오바마 테러주의자들로부터 시리아를 구원하는 것이라 말하면서 장교들에게 하나님의 도움을 강조함)을 착수하지 않았다면, ISIS는 오바마의 지원 아래 시리아를 정복해 기독교인들과 소수 종교를 대학살했을 것이다. 잔악한 ISIS와는 달리 시리아 현 정부는 기독교나 소수 종교를 보호한다(프랭클린 그레이엄).

하나님이 시리아의 기독교인들을 불쌍히 여기셨기 때문일까. ISIS의 시리아 공격이 임박한 순간에 러시아가 갑자기 개입하게 되었다. 러시아는 정말 온 힘을 다해 ISIS를 격파했다. 러시아 덕분에 ISIS의 시리아 점령을 문턱에서 막을 수 있게 되었다. 얼마나 다행인가! 풍전등화와 같던 시리아는 러시아의 도움으로 지켜낼 수 있었으며, 시리아의 기독교인들은 ISIS의 피 흘리는 참수와 학살을 모면할 수 있게 된 것이다.

러시아가 그들을 많이 초토화시킨 이후에도 ISIS는 여전히 힘을 지속하여 오고 있다. 버락 후세인 오바마는 함께 연합해 ISIS를 전멸시키자는 러시아 푸틴의 제안을 거절하였다. 결국 ISIS가 전멸을 모면하고 다시 살아남을 수 있는 기회를 남겨둔 것이다. 러시아의 공격으로 파행을 겪던 ISIS는 오바마의 러시아 비난 정책 덕분에 다시 한숨 돌리고 살아남을 기회를 보장 받은 셈이다. 미국과 러시아가 합세한다면 그들은 한순간에 전멸 했을 터이니까…버락 후세인 오바마는 ISIS를 지원하고 있다("Warning Muslim Obama Funds ISIS & Al-Qaeda," "유튜브", 2015. 11. 16. 등 여러 자료들이 나와있다). 동성 결혼을 반대하는 기독교를 미국의 적으로 간주한 그가 기독교인들을 대학살하는 ISIS를 재정으로 지원한다는 현상은 세계와 우리 모두에게 대단히 큰 충격이다.

21세기에 모든 인간은 평화를 갈망한다! 제발 이 세상에서 평화가 모든 사람들 가운데 머무르게 하라! **땅 위 모든 사람들이 평화와 행복 속에서 살게 하라!** ISIS와 이슬람 테러 세력들은 더 이상 무고한 사람들을 죽이지 말라! 모든 인간들이 평화와 사랑 속에 살도록 하라!

유엔, 미국이여, 세계에 평화가 머무르게 해 주오! 사람을 잔인하게 죽이고 세계에 테러를 일으키는 악한 집단을 강력히 징벌하고 평화를 지켜 주오! 유엔과 미국, 러시아, 모든 나라들이여, 평화를 지켜 주오. 가장 고귀한 인간 존재들을 사랑해 주오! 우리의 창조주 하나님을 사랑하라! 하나님의 형상을 지닌 인간을 사랑하라!

> 거의 200여명의 퇴역 장군들과 제독들이 이란 핵 협상을 거부하는 투표를 해달라고 요청하면서 수요일에 의회 지도자들에게 편지를 보냈다.
> 워싱턴 포스트에 따르면….사인한 자 중에 많은 사람들이 그 이전 30여 년에 이르기까지 백악관에서 일한 사람들이다(「뉴스맥스」, 2015. 8. 26.).
> 주간 연설: '왜 우리가 이런 이란 협상을 멈추어야 할 필요가 있는가?'
> 토요일에 미국 의회로부터 공화당 최고 의원이 이란 핵 협상을

'심오하게 결점 있는 것'으로 비난 했다. 또한 이 협정은 세계를 '덜 안전하게' 만들 것이라고 말했다….

만일 이 협상이 통과된다면, 이란은 풍부한 현금 지원 맥을 얻을 것이요. 국제적 입지가 부상할 것이며, 또한 핵무기를 향한 길을 얻을 것이다…(AFP 하원 의장, 존 베이너[John Boehner], 2015. 8. 30.).

협상된 거래는 이스라엘에게는 재앙이다…미국에게…그리고 세계에서 평화와 안정을 바라는 모든 사람들에게 재앙이다. 유대 사람들이 고립되고 홀로임을 느끼는 것은 조금도 이상하지 않다… 의회가 협상에 대해 곧 투표 할 것인데, 우리는 그들이 바른 것을 향해 확고하게 설 수 있도록 기도할 필요가 있다…(마이크 에반스 [Mike Evans]).

오바마는 이란 핵 협상에서 잘못했다. 그것은 끔찍한 거래다… 그것은 위험하고 나쁜 거래다…(전 부통령 딕 체니[Dick Cheney], 「씨엔엔」, 2015. 9. 1.).

"예수께서 이르시되

'네 마음을 다하고 목숨을 다하고 뜻을 다하여 주 너의 하나님을 사랑하라하셨으니 이것이 크고 첫째 되는 계명이요

둘째도 그와 같으니

'네 이웃을 네 몸같이 사랑하라'

이 두 계명이 모든 율법과 선지지의 강령이니라"(마 22:34-40).

4. 비상구*

이창수 전도사

1절

처음부터 나도 남자가 좋았던 것은 아니었어
남자로 태어났고 강해지고도 싶었어
하지만 아버지가 날 버렸을 때부터
채우지 못할 빈자리가 하나 생겼어
넉넉치 않은 살림 탓에 물려받았던
레이스 달린 우리 누나들이 입던 옷
내 기억이 시작되기 전부터 입었던
치마, 차마 미워는 못 하겠어
엄마 누나들은 좋은 사람이었어
가난, 그 말고는 괜찮은 삶이었어
다만, 점차 난 누나들 닮아갔고
정말 있어선 안 됐을 일이 일어났어
친구들 따라 교회에 다니던 나
친해진 형 집에 놀러 갔던 날
우리 레슬링 놀이하고 놀래
방법은 말야 일단 옷을 다 벗고 바지도 벗어

---

* CCM 힙합 가수 이창수 전도사(31). 얼마 전 '비상구'를 발표했다. 중간 템포의 비트 위에 동성애자들 이야기를 랩으로 풀어냈다.

여기 있어 너의 비상구
도와주고 싶어 너의 탈출
얘기해 줄 수 있겠니 너의 아픔
감추지 않아도 돼 그동안 못한 말들(X2)

2절

그때가 아마 내가 열한 살 때였지
사춘기가 찾아와 그때 마침
불안정한 남성 호르몬의 팽창
정서적 공백이 주는 외로움이 찾는 것은
여자가 아닌 남자
한 번쯤 만나 보고 싶어 아빠
지금은 알지만 몰랐네 진짜 날
그저 내 몸이 기억하는 대로 따라가
종로와 이태원 거리를 걸어 다니며
욕정을 불태워 머리가 아파올 때면
잊어보려고 해도 이젠 몸이 기억해
고통을 이겨보려 쾌락으로 병드네
오래 낫지 않는 감기인가 싶었지
변기에 피를 토하기 전까진 그랬지
붉은 반점은 그냥 피부병이었지
에이즈 양성반응인 걸 알기 전까진
여기 있어 너의 비상구

도와주고 싶어 너의 탈출

얘기해 줄 수 있겠니 너의 아픔

감추지 않아도 돼 그동안 못한 말들 (x2)

3절

다시 돌아갈 수 있을까

다시 시작할 수 있을까

이미 끝난 것은 아닐까

모든 걸 포기하고 싶은 밤

다시 돌아갈 수 있을까

다시 시작할 수 있을까

이미 끝난 것은 아닐까

모든 걸 포기하고 싶은 밤

신이 나를 만드셨다며

신이 나를 사랑한다며

근데 왜 나를 이렇게 만들었어

나는 여자가 되고 싶어 하는 남자 괴물

이렇게 된 건 아버지 때문

그렇게 키웠던 어머니 때문

강간한 교회 형 그 때문

나를 이렇게 만든 건 신 때문

당신은 나를 사랑하지 않아

거짓말 하지 말아

> 행복한 결혼식과 축복 꿈이잖아
> 지금도 사랑받는 꿈을 꾸면서 살아
> 근데 그 꿈은 매일 아침이면은 깨잖아
> 게이라는 이름 날 호적에서 지운
> 어머니와 가족들 누가 나의 친구
> 붉은 반점의 피부 누가 나의 친구
> 어디에 있나요
> 나를 구원하실 예수
> 여기 있어 너의 비상구
> 도와주고 싶어 너의 탈출
> 얘기해 줄 수 있겠니 너의 아픔
> 감추지 않아도 돼 그동안 못한 말들 (X2)

1절은 동성애가 선천적이 아닌 후천적이라는 데 초점을 맞췄다. 주인공은 말한다.

"처음부터 나도 남자가 좋았던 것은 아니었어.
남자로 태어났고 강해지고도 싶었어."

그리고 그가 어떻게 동성애자가 되었는지 원인을 짚었다. 아버지의 부재, 경제 문제와 집안 환경, 성폭행 등 성장기 아픈 상처들이 내용에 담겨 있다. 그런 상처 중에도 빠져나올 **비상구가** 있다고 작가는 말한다.

2절에서는 무분별한 동성 간의 성관계, 자신의 고통을 극복하려 쾌락을 따라 방황하다 자신도 모르게 몸이 병들고 망가져 버린 에이즈 감염을 실토한다. 에이즈 감염으로 인한 충격과 절망감이 표현된다. 하지만 그 중에도 빠져나올 **비상구는** 여기 있다고 노래는 말한다.

3절은 동성애자가 에이즈 걸리기 이전 상태로 다시 돌아가고 싶은 마음을 간곡히 표현한다,

"다시 돌아갈 수 있을까
다시 시작할 수 있을까
이미 끝난 것은 아닐까
모든 걸 포기하고 싶은 맘"
이 구절이 두 번 반복된다. 에이즈에 감염된 동성애자의 절규를 담고 있다. 자신의 인생이 망가진 원인을 하나하나 제시하면서 그동안 "신은 무엇을 했느냐"고 토로한다. 그에게 행복한 결혼은 꿈일 뿐이다. 가족도 떠나고 이제 붉은 반점에 걸린 그에게 친구는 없다.

주인공은 질문한다.
"어디에 있나요
나를 구원하실 예수?"
이 처절한 질문에 대답이 들려온다.
"여기 있어 너의 비상구!
도와주고 싶어 너의 탈출!
얘기해 줄 수 있겠니?
너의 아픔 감추지 않아도 돼. 그동안 못한 말들…."

"내가 너희에게 이르노니 이와 같이 죄인 한 사람이 회개하면 하늘에서는 회개할 것 없는 의인 아흔 아홉으로 말미암아 기뻐하는 것보다 더하리라"(눅 15:7).

"이 세상도 그 정욕도 지나가되 오직 하나님의 뜻을 행하는 자는 영원히 거하느니라"(요일 1:17).

"하나님이 그 아들을 세상에 보내신 것은 세상을 심판하려 하심이 아니요 그로 말미암아 세상이 구원을 얻게 하려 하심이라"(요 3:17).

CLC 도서 안내

▶ 에이즈 전염병의 정체 ◀
The AIDS Epidemic

글렌 G. 우드 · 존 E. 디트릭 지음/ 김재관 옮김/ 신국판 반양장/ 408면

성경적 생활로 돌아와 성의 질서를 회복하고 부끄러운 자태를 회개하고 성을 순리대로 사용할 수 있는 신앙심과 도덕심을 회복할 때 이 사망의 병을 극복하는 구원이 이루어진다. 성경적인 회개와 성결과 순결한 성윤리가 에이즈로부터의 구원의 길이다.

미국이 운다! 동성애
America Weeps! Homosexuality

2016년 11월 30일 초판 발행

지은이 | 손혜숙

편 집 | 정희연, 권대영
디자인 | 이수정, 박슬기
펴낸곳 | 밀알서원
등 록 | 제21 - 44호(1988. 8. 12)
주 소 | 서울시 서초구 방배로 68
전 화 | 02) 586-8761-3(본사) 031) 942-8761(영업부)
팩 스 | 02) 523-0131(본사) 031) 942-8763(영업부)
홈페이지 | www.clcbook.com
이 메 일 | wbbkor@gmail.com
온 라 인 | 기업은행 073-085404-01-017
           예금주: 박영호(밀알서원)

총 판 | 사)기독교문서선교회
ISBN 978-89-7135-068-3 (03230)

* 낙장·파본은 교환해 드립니다.

이 도서의 국립중앙도서관 출판시 도서목록(CIP)은 서지정보유통지원시스템 홈페이지(http://seoji.nl.go.kr)와 국가자료공동목록시스템(http://www.nl.go.kr/kolisnet)에서 이용하실 수 있습니다. (CIP제어번호: CIP2016024223)